谢谢了，我的家

[国礼版]

《谢谢了，我的家》编写组 编写

人民文学出版社

图书在版编目（CIP）数据

谢谢了，我的家：国礼版/《谢谢了，我的家》编写组编写. —北京：人民文学出版社，2018
ISBN 978-7-02-014572-0

Ⅰ.①谢… Ⅱ.①谢… Ⅲ.①家庭文化—中国 Ⅳ.①D669.1

中国版本图书馆 CIP 数据核字（2018）第 204400 号

责任编辑　柏　英　陈彦瑾　张欣宜
　　　　　陈　旻　李丹丹
装帧设计　陶　雷
责任印制　苏文强

出版发行　人民文学出版社
社　　址　北京市朝内大街 166 号
邮政编码　100705
网　　址　http://www.rw-cn.com

印　　刷　北京中科印刷有限公司
经　　销　全国新华书店等

字　　数　182 千字
开　　本　787 毫米×1092 毫米　1/16
印　　张　20.75　插页 1
印　　数　1—3000
版　　次　2018 年 9 月北京第 1 版
印　　次　2018 年 9 月第 1 次印刷

书　　号　978-7-02-014572-0
定　　价　188.00 元

如有印装质量问题，请与本社图书销售中心调换。电话:010-65233595

序

　　今年年初中央电视台推出的全球华人家庭文化传承节目《谢谢了，我的家》，引起越来越高的关注度，成为家风类节目的新标杆。听说有人因为看了这个节目，春节期间亲口对家人说了"谢谢"。这是令人惊喜的。党的十八大以来，习近平总书记在不同场合多次谈到要"注重家庭、注重家教、注重家风"，强调"家庭的前途命运同国家和民族的前途命运紧密相连"。一年以前，我提出要响应总书记的号召，站在时代高度，打造一档大型家风文化节目，这符合央视国家电视台的风范，具有引领社会主流价值观和正能量的积极意义。全球华人同根同源，又是最注重"家"这一概念的群体，央视中文国际频道（CCTV4）服务于全球华人观众，是最适合的播出平台。经过节目团队近一年的精心筹备，《谢谢了，我的家》亮相荧屏，获得海内外观众的喜爱。

　　"家风"一词，乍听有些抽象，实则承载着厚重的文化和情感。它在中华优秀传统文化的体系中占据举足轻重的地位，既影响了一个人的境界格局，也关系着国家的前途命运。中华民族自古有"家国天下"的文化自觉，家是中国人的人生起点，是信心的源泉和精神的依托。家谱，家训，家书，家规，各种物质的、非物质的家的产物，都承载了中华优秀传统文化的精髓。而随着社会形态、价值体系、科学技术的演进，这些宝贵的精神财富也在不断进行着时代性的变化，焕发出新的魅力。从某种意义上来说，家风是中国人的精神信仰。

《谢谢了，我的家》第一季中，讲述了五十四个家庭的故事和家风文化：有的忠正，有的仁义，有的严谨，有的恬淡，有的纯朴……从这些故事中，我们可以看到中国人的优秀品质和文化基因——忠诚、仁义、宽厚、自律、勤勉、创新……而且这些故事既传承了几千年，又发生在我们身边，所以引起了广大观众的情感共鸣，被这些故事和故事中的人物激励着，打动着，感染着，温暖着。

我们看到一辈又一辈的言传身教，一家又一家的立德立言，汇聚成家国历史，雕琢出民族的风骨和神貌。这些故事就是中国的过去、现在和未来。正所谓家是最小国，国是千万家，透过小家的故事，我们能够看到整个国家生机勃勃的文化魅力。《谢谢了，我的家》正是找到了"家"这样一个中华民族精神血脉中重要的文化基因，找到了人们的情感认同，深入挖掘了其中蕴含的思想观念、人文精神和道德规范，凝神聚气，为坚定文化自信探索了一条行之有效的成功途径。

《谢谢了，我的家》以家庭为同心圆和切入口，既原汁原味地呈现了家的温情与亲切，又解读了家风厚德载物的深远意义。十三期节目，五十四个家庭，他们的家人和先辈中，闪耀着孔子、鲁迅、齐白石、徐志摩、钱学森、汪曾祺等一串具有深刻文化印记的名字，勾连着历史与当下的文化认同。这是主创团队在研发和策划阶段始终追求"立意要高、格调要高、品质要高"的一个体现。家风讲述者和先辈之间，通过"时光瓶"这一巧妙的象征，架起一座代际沟通的桥梁，将家庭记忆形象化，贯通着古今先后，绵延着家国万里，既呈现出当下家庭生活的真实写照，也刻画出中华民族的一道文化缩影。

在全球范围内，对于家庭观念的注重让华人形成了一种牢固稳定的文化认同。《谢谢了，我的家》播出后，许多海外观众纷纷通过各种形式表达了他们的兴奋和激动。诚然，中国人的家庭教育模式让炎黄子孙无论身处何地，都带着中国人的风骨——那是祖先留下的"胎记"和"烙印"，这让全球华人血脉相通，世代相亲。《谢谢了，我的家》和中央电视台中文国际频道天然有着相互促进的特质。

新时代、新作为、新篇章——如今，中央广播电视总台已经组建，推动广播电视和新兴媒体融合发展，如何发挥平台优势，做好以"家"为题的文艺作品，这对于丰富人们的精神世界，引导社会的良性发展都有积极的作用。在全社会积极响应习近平总书记"注重家庭，注重家教，注重家风"号召的行动中，央视以《谢谢了，我的家》为答卷，做到了不失位，重品质，有担当，传承弘扬了中华优秀传统文化，培育和践行了社会主义核心价值观。

在此基础上，人民文学出版社将访谈节目的对话体大胆调整为故事体编辑出版，完成了一部当代中国人的口述史，目的是让更多的读者能够受到启发和教益。

听说《谢谢了，我的家》还要制作播出第二季、第三季，期待未来《谢谢了，我的家》能够为我们带来更多的感怀和收获。

《谢谢了，我的家》节目主持人　敬一丹

目录

3

竹

松

岁寒，然后知松柏之后凋也。

——先秦·孔子

岁不寒，无以知松柏；事不难，无以知君子。

——先秦·荀子

大雪压青松，青松挺且直。欲知松高洁，待到雪化时。

——陈毅

松在中国人心目中具有崇高地位，而且常常与柏树并称。

松不仅耐寒，而且能永葆苍翠不变色，故常喻长寿，有"寿比南山不老松"之说。又因为松树"古甲磨云拆，孤根捉地坚"（曹松《僧院松》），意志坚强，立场坚定，也常用来指代栋梁之材。中国古代爵位分为五等——公侯伯子男，松字从公，在五种爵位中列首位，"百木之长"的地位独留松。古代帝王常以爵位来命名松树，比较有名的有秦始皇封的泰山"五大夫松"，汉光武帝刘秀钦赐的陕西蓝田"龙头松"，北京有乾隆皇帝钦赐的"遮荫侯""探海侯""白袍将军"。可见，在中国古人心目中，松几乎等同于国之股肱。

《庄子·内篇·德充符》中记载有孔子对松的赞赏：

> 人莫鉴于流水而鉴于止水，惟止能止众止。受命于地，惟松柏独也正，在冬夏青青；受命于天，惟尧舜独也正，在万物之首，幸能正生，以正众生。

孔子认为，生命力来自大地的，数松柏最有正气，所以能冬夏常青；生命力来自上天的，数尧舜最有正气，所以能处万人之首。可见，古代先哲已将松柏之正气与君王之正气相提并论了。

同样，中国的家风家训文化也非常推崇松的品性。无数家训典籍里，先贤都教导后人要有松一样的人格，德行深广，谦虚守正，意志坚定，面对磨难不低头，保持心中的正义和良知，行得正，立得端，才能永葆家风不变色。这样的观念已经渗透中华家风文化的血脉，尤其在治国理政、培养国家栋梁之材方面的家训里，松的人格理想尤为突出。《韩诗外传》卷三记载了西周政治家周公教诲其长子伯禽（鲁国第一任国君）的一段话：

> 吾闻德行宽裕，守之以恭者，荣。土地广大，守之以俭者，安。禄位尊盛，守之以卑者，贵。人众兵强，守之以畏者，胜。聪明睿智，守之以愚者，善。博闻强记，守之以浅者，智。夫此六者，皆谦德也。

据传这是较早的有文字记录的家训。周公训子语重心长，教育伯禽"贵为天子"要"由此德也"，否则，德不配位只能"失天下"。

宋代吴曾撰《能改斋漫录》卷一四《记文》中录有《包孝肃公家训》，包孝肃公即被誉为"包青天"的包拯。家训云：

> 后世子孙仕宦，有犯赃滥者，不得放归本家；亡殁之后，不得葬于大茔之中。不从吾志，非吾子孙。

原文只有三十七字，却说得斩钉截铁，掷地有声。清廉守正是历代官员的道德准则。包拯后代子孙无一例外，全部遵从祖训，维护了"青天"的美誉。

晋人陈寿撰《三国志》卷二七《王昶传》中，录有三国时曹丕文学侍从王昶的一封家书，又名《诫子侄书》，其中写道：

> 夫物速成则疾亡，晚就则善终。朝华之草，夕而零落；松柏之茂，隆寒不衰。是以大雅君子恶速成，戒阙党也。

王昶告诫子侄，真正的君子不追求速成，而是戒骄戒躁，像松柏一样，经冬不枯，依然茂盛。

可见，松的谦虚朴实，松的清廉守正，松的宁静致远，历来为中国人所赞赏。《礼记·大学》中说："一家仁，一国兴仁；一家让，一国兴让。"中华家风从修身始，以人格彰显家风，以家风彰显国格。松的文化品性中寄寓着中国人所崇尚的君子人格。

松的人格、气节和情怀，在松系列的四位家风故事主人公身上，表现得尤为突出：

朱和平是朱德元帅的第三代，牢记朱家八代家训"一粥一饭，当思来处不易；半丝半缕，恒念物力维艰"，把"立德树人，勤俭持家"的家风传承给一代又一代子孙；

高秉涵是台湾老兵骨灰回家发起人，八十高龄仍往返于海峡两岸，想着娘亲教诲，渴望叶落归根，把根扎在故乡大地；

沙祖康作为联合国副秘书长，面对西方对中国的不理解乃至恶意刁难，有理有据，不卑不亢，不屈不挠，以正气和意志维护了国家利益；

李昌钰是世界知名刑侦专家，是全美首位担任州级警界最高职位的华裔，秉持踏实肯干、清白为人、公正处事的家训，让中华家风在海外开枝散叶。

他们都是松柏一样的中华骄傲。

愿中国傲岸如松！

元帅家风继承人　朱和平

第十一、十二届全国政协委员，中国人民解放军高级将领，空军少将军衔，空军指挥学院原副院长，预警与电子战专家。

朱和平的爷爷朱德是中国伟大的无产阶级革命家、政治家、军事家。他一生"大爱无私、大孝为国"，始终保持"坚定的共产主义信仰和光明磊落的党性"，以及"心系人民、艰苦朴素的公仆情怀"。1944年，朱德在母亲去世后万分悲痛，饱含深情地写下祭文《母亲的回忆》，表示从此以后，"将继续尽忠于我们的民族和人民，尽忠于我们的民族和人民的希望——中国共产党，使和母亲同样生活着的人能够过快乐的生活"。

粗茶淡饭吃饱就行，
干干净净穿暖就行

粗茶和淡饭

爷爷经常说他小时候吃了太多的苦，没有吃过一顿饱饭，甚至曾经在九岁那年的除夕，因为地主逼债，全家被迫四处逃散。也正是因为从小就经受过这么苦的历练，他参加革命后南征北战，再也不觉得饿，不觉得苦。

1949 年，我们进城了，生活水平提高了，但是爷爷一贯主张要粗茶淡饭，勤俭过日子，主要是为了不忘本，要记住我们中国是一个农业大国，我们中国的大部分人是农民，我们绝不能忘记共产党人的责任和担当，共产党人信仰中最核心的部分就是坚守人民的利益，自觉自愿地为人民服务。因此，无论是在家还是外出视察，爷爷都要求我们不能铺张浪费，这样既让自己保持朴素，也让人民群众感到亲近。

上世纪 50 年代和 60 年代，我们国家还很困难，爷爷要求我和群众一样，在大食堂吃饭，所以，我也常常吃不着大米吃不着肉。

1962年的一天，爷爷专门让炊事员用野菜加棒子面糊糊做了一顿饭，爷爷边吃边问我们："这菜好吃吗？"我当时感到真是难吃啊。可爷爷却说："这样的菜我们长征的时候都没得吃。现在毛主席都带头不吃肉，和全国人民同甘苦，我们要向毛主席学习，从现在起也要和全国人民同甘苦。"这顿饭是爷爷在困难时期为我们全家表达的一个态度，也是给我们的一次教育。吃完那顿饭，爷爷把我们几个孩子"赶"出家门，让我们各自回单位、回学校，回到群众中去。我当时上小学，因为父母在外地，所以留在了爷爷身边，但是不能和爷爷一起在中南海小食堂吃饭，要和普通工作人员去大食堂。从我小时候记事起，爷爷就经常带我们在院子里垦地种菜，目的是让我们从小养成劳动的观念，知道粮食来之不易。这个传统我家保持了四十多年，改革开放后依然保持，不是为了物质，而是为了保持劳动习惯。

我的儿子朱辰1987年出生后和老奶奶生活了五年，直到老奶奶1992年去世。老奶奶有很强烈的愿望，要把朱家家风传给朱辰。吃饭的时候，老奶奶一定要看着朱辰吃完最后一粒米。朱辰掉饭粒或者嫌饭菜不合口时，老奶奶就会发话："不要浪费一粒粮食，不要浪费一颗蔬菜，盛在你碗里的饭菜一定要吃干净，我要看着你吃干净。"就这样，朱辰从小就知道家里有不能浪费粮食的规矩。

老奶奶看朱辰的目光，是一种期待。她对于我们走好未来的路、实现国家的发展和民族的复兴抱有强烈的期望。老一辈革命家开创的伟大事业需要一代一代地传承，上一代人已经完成了他们的历史使命，我们这一代人要敢于肩负起自己的使命，并将红色基因永远传承下去。

元帅记账本

　　1949 年 10 月后，爷爷让工作人员建立了账本，他的工资津贴、开支的各种费用都记得清清楚楚、明明白白：津贴费、购服装费、理发、买煤、买米面、买饭票、买肥皂、买鞋油、看病……还有党费，一笔笔都记录得清清楚楚。爷爷一直多交党费，他的工资是四百多块，按照百分之一比例的规定应该交四块钱党费，但他一直交十块。他说他愿意为党多交一点。

　　刚开始爷爷拿的元帅工资是七百多块，但是他 1957 年、1959 年、1960 年三次主动降薪，从六百五十九块降到四百零四块，直到去世。1960 年他还把粮食定额从三十多斤减到二十六斤，因为家里

人口多，粮食不够吃，所以亲戚朋友们来家里做客、吃饭都自觉地带上粮票。我们小时候没有零花钱，也很少买玩具，逢年过节或者过生日，就自己动手做礼物。

1964年，爷爷作为党和国家领导人陪刚果总统参观上海，为了尽地主之谊，自掏腰包九十多块买礼物，结果那个月我们家还要买过冬的煤，只好超支了。

爷爷一生省吃俭用，很少买新衣服。除了军装和接待外宾用的中山装由国家配发，他几乎没做过新衣服。里面的内衣全是洗了又洗、补了又补。1976年爷爷去世时，我们没有思想准备，连一件崭新的衣服也没有找到。最后还是奶奶决定，给爷爷穿上他参加外事活动时的那套中山装，因为不经常穿，显得比较新，可是里面的衣服全是打着补丁的。

我们这些孩子们的衣服，也是大的穿了给小的，小的穿了给更小的，我最小，所以老穿旧衣服。我到现在还不习惯穿新衣，旧衣服更贴身，更舒服。

爷爷一生简朴，去世时连一件新衣服都没有，却对国家和人民很大方。他在去世前专门交代我奶奶，要把他存折上的二万零三百零六元存款，作为最后一笔党费，全部交给党。他人走了，账户就清零了。曾国藩说过"作官以不要钱为本"，爷爷就是这样。其实在老一辈革命家群体中这样的故事非常多，比如毛主席、周总理、李富春等同志，他们最后基本上把所有的积蓄都交给了党。这反映了他们那一代人的终生追求——为人民谋福利，为民族谋复兴。所以，我们共产党人的信仰不是一句空话，要一点一点地做。

立德是核心

德是我们中华民族最高的精神追求，德代表什么？简单说，德代表"1"，才代表"0"，一个人有德就有了"1"，有才就有"1"后面的一个一个"0"。一个人既有德又有才，对社会的贡献就越大。一个人一旦没有德，所有的才也都没有了。像我们现在有些官员，虽然非常有学识，甚至曾经为社会做出过很多贡献，可是因为德没有了，其他的就都是浮云了。德并不是一个虚无缥缈的概念，它体现在我们生活的点点滴滴之中：每吃一顿饭，每做一件事情，所有这些细小的环节都体现出"德"字。只有把这些细小环节做好了，德才有意义，才能体现"德"字的内涵。

我们朱家祖祖辈辈是农民，祖籍广东韶关。湖广填四川的时候，我爷爷往上第八代起从广东迁到四川，然后修了朱家的祖屋。在我们老家祖屋的堂屋供奉着佛龛，贴有几副对联，其中最外侧的取自《朱子治家格言》："一粥一饭，当思来处不易；半丝半缕，恒念物力维艰。"横批是"开源节流"。这条家训影响了一代又一代的朱家人。

家庭是人生的第一所学校，勤俭持家、开源节流这些朴素的道理深深刻在爷爷幼小的心灵上，也贯穿于家庭教育中。爷爷感谢他的母亲给了他强健的身体、勤劳的习惯、生产的知识、革命的意志、斗争的经验，他一天比一天认识到，这都是世界上最宝贵的财产。我的爷爷正是在他母亲的鼓励下，在少年时代就树立了"祖国安危人有责，冲天壮志付飞鹏"的志向，从此"投笔从戎去，刷新旧国风"。抗日战争爆发后，爷爷"为国为民族求生存，决心抛弃一切，一心杀敌"。他在家书中写道："那些望升官发财之人决不宜来我处，如欲爱国牺牲一切能吃劳苦之人无妨多来。"

爷爷没有给我们留下什么物质上的东西，但是留下了一笔精神遗产。他的道德，他的风范，他的信仰，他的生活态度，他所追求的事业，他生活中的点点滴滴，所有这些融汇到一起，就自自然然地形成了我们朱家的家风。我们从小耳濡目染的家风，随着年龄的增长，我越来越感到，这是一笔值得一代又一代细细品味和领会的文化遗产。金钱不能流传，精神上的、文化上的东西才能永久地流传。

我们全家总结的家风就是"立德树人，勤俭持家"。勤俭持家是我们中华民族的优良传统，是祖祖辈辈、世世代代传下来的。立德树人，特别是立德，是爷爷参加革命后用他的理想、信念和追求，为我们这个非常朴素而传统的农民家庭注入的时代元素、信仰元素，使我们朴素的家风有了社会含义，有了社会影响，有了更大的文化价值、传统价值。

"粗茶淡饭吃饱就行，干干净净穿暖就行"

"粗茶淡饭吃饱就行，干干净净穿暖就行。"这是爷爷经常说的一句话。爷爷奶奶离开我们已经四十多年，但是他们崇高的精神风范、他们生活中的点点滴滴，一直留存在我的脑海中。他们留下的"立德树人，勤俭持家"的家风，激励着我，鞭策着我。我在自己的工作岗位上，努力学习，努力工作。我们国家进入了新时代，这就是他们所向往的、为之奋斗的时代。

　　我想给我的孩子，还有朱家未来的后代留下几句话。我们朱家是中华民族千千万万个家庭中的一个普通家庭。我们和所有的家庭一样，会遇到吃饭问题、穿衣问题，会遇到感情问题、生活问题。我们朱家有一个非常好的家风，有一个非常好的传统，这个家风凝聚着我们中华民族的优秀文化，同时注入了共产党人的红色文化内涵。因此，我们的家风非常值得传承，希望你们能够把朱家的家风世世代代传承下去。

　　谢谢了，我的家！

　　古谚云："道德传家，十代以上；耕读传家，次之；诗书传家，又次之；富贵传家，不过三代。"

　　朱德不仅把自己一生奉献给了新中国，作为十大元帅之首，给全军战士树立了良好榜样，而且在家庭教育方面身先垂范，给后代也做了一个良好的榜样。朱德的四川故居中有一副对联："一粥一饭，当思来处不易；半丝半缕，恒念物力维艰"，横批是"开源节流"。这句话出自清代著名理学家、教育家朱用纯《治家格言》，在朱德元帅家已经传承了八代。

　　秉持这个家训，作为中国人民解放军高级将领的朱和平将军，不但在军事业务上屡创佳绩，获得全军科技成果一等奖四项、二等奖五项，国家科技进步奖三项，全军武器装备科技进步一等奖二十项，而且在生活上保持"立德树人，勤俭持家"的元帅家风，将开国领袖的优秀传统继承、融入到了血液中。

台湾老兵骨灰回家发起人　高秉涵

1948年因战乱辗转到台湾，七十年间心系故乡，从1991年起带近二百坛老兵骨灰回家。

高秉涵的外祖父宋绍唐是清末最后一批公费留学生之一，母亲宋书玉毕业于济南第一女子高等师范学堂。清朝覆灭后，宋书玉和丈夫高金锡拒绝了去日本留学的机会，在山东菏泽农村创办新式小学，发展乡村教育。高金锡在战争中早逝。1978年，宋书玉没有盼回儿子也故去了，但她对儿子说的一句话，如风筝线一般，一直牵着儿子的思乡情，最终带他回家。

你要活下去，娘等着你回来

少小离家，独在异乡

1935 年我出生于山东菏泽，1947 年父亲在战争中走了。我娘怕我生命有危险，决定让我跟着山东的"流亡学校"到南方去。临出来的时候，母亲把我父亲遗留下来的一支笔交给我，说无论在什么状况下不要忘记读书，只有读书才能救国。1948 年农历八月初六夜晚，娘牵着我到父亲的坟墓上，让我磕了三个头，跟父亲说声再见。娘跟父亲讲，儿子要到南方去了，你地下有知，要保护他平安地归来。我们又到了奶奶的院里，那时已是凌晨，我娘没有叫醒奶奶，因为我是长孙，怕奶奶受不了。娘让我对着奶奶的房门磕了三个头，然后带着我回到城里去上车。城里是我外婆家，外婆家院里有一棵石榴树，正是中秋石榴成熟的时候，离开外婆家时，外婆说："春生，这里有石榴，放到车上吃。"我右手拿一个石榴，左手被娘牵着，去往东关外。上车以后，看着熟透裂开的石榴，我就慌着吃。娘跟我打招呼，我没有看到。马车已经走了差不多三十米，同一个

21

车子的同学拍拍我说："高秉涵，你娘在跟你打招呼。"这个时候我低着头多啃了一口石榴，再转眼看时，车子刚好拐弯，没有看到母亲。我痛哭起来，把石榴丢掉。从那个时候开始，我这一辈子不再吃石榴了，因为看到石榴我就想到娘。

离开家，到了"流亡学校"，我跟着人流走了六个省，两千多公里，这一路就记得娘的那句话，想着她在等我回去。那时候我十三岁，还一无所知，就跟着人走，走了差不多一年的时间。到了厦门，上了去台湾的最后一条船。船遇到了台风，在海上漂了五天，很多人饿晕了。到了台湾后，到处都是难民。我流落到台北火车站，睡地上。火车站西南方有一个大垃圾厂，我早晨拿着棍子跟狗抢东西吃，这样的生活差不多过了三个月。我苦过来了，没有饿死。最后在火车站碰到我的小学校长，他认出了我，跟我说："孩子，你要读书，光想娘没有用。我们到台湾来了，这一辈子能不能回家还不知道。"我在台湾又考了初中一年级，半工半读。三年初中，三年高中，没有人管我，饿一顿饱一顿，我的胃吃坏了，还出血。从初中三年级开始我就瘦下来，直到现在我的体重没有超过九十斤，一直都是这样子。

想家很苦，尤其是过节的时候。除夕的晚上，大年初一的早晨，有家的人都团圆了。我每个大年初一的黎明就一个人跑到观音山上，面对着大陆高声哭喊："娘！我想你，我要回家！"想娘的时候，我就晚上写信，把我要对她说的话都写到信里边。明知道信寄不出去，但写完以后，心里面就舒服一些。信写完要撕掉，因为那时候想家是有罪的。我托人从香港买了山东和菏泽的地图，想家的时候就看一看。同乡聚会时也把地图带过去。刚到台湾时，在同乡聚会的前十分钟，大家什么都不说，先哭一场。乡音一直都没有忘，听到家乡话心里很舒服。后来我做了同乡会的会长，有一个要求，大家见面讲家乡话，讲得最多的有奖，要鼓励大家讲家乡话。

人年龄越大，反而越想家。两岸开放以后，娘已经不在了，我就给弟弟讲，娘留下些什么，赶快找给我。弟弟找了一件母亲穿过的衣衫给我，我把它放到我在台湾的书房。想娘的时候，就把她穿过的衣服袖子在脸上打一打，表示我和娘在一起。

悲喜家书，乡土滋味

1979 年我已经是律师了，一次到西班牙开会，听说大陆有一个团体要来，我就写了一封信，想问大陆来参加的人能不能把信寄给我家乡的母亲。但去之前台湾当局警告，到西班牙要严格遵守不接触、不交谈等"六个不准"。我的信迟迟不敢递，只好寄到了美国，由美国的朋友寄到家乡。第二年，我接到大姐的回信。信是从美国转到香港，香港的朋友再交给我的。拿到信，我当天不敢拆，因为我走的时候母亲身体不好，几十年过去了，如果拆开这封信，也就等于正式告诉我，母亲不在了，我反而没有希望了。没拆信之前，母亲还永远健康地活在我的心目中。所以那天，我把信放在心口上，没有拆。第二天，我太太拆开给我读，读到第一段，母亲于 1978 年去世……我就叫她不要读了。这是我第一次给家里去信。我很后悔，不应该写信的，我希望母亲永远活在我的心目中。

有娘的地方就是故乡，娘不在了，故乡就是我娘。那片土地是我生命的源头，是我呱呱坠地的地方，我爱母亲，一样也爱我们的家乡，我们家乡的土地。1980 年移民到阿根廷的一个同乡要到菏泽探亲，她特意经过台湾，问我们需要她带什么。我说："你就带一把泥土吧。"她回来的时候，带来了家乡的土产和差不多三公斤菏泽的泥土。全台湾的菏泽人在台北集合，先听她在故乡的见闻，再分土产，一个人两个烧饼。最后分这三公斤的土，这土比土产还重要。大家觉得律师很公平，就请我来分土。我用汤匙盛了土，再用一根筷子弄平，不能凸出来。将近二百个人排队，大概有几十户，我们一户分一汤匙。来领土的人，有的一边笑着，一边掉着泪喊"妈妈"，有的人跪下叫爹叫娘。我的一个老师八十五岁了，也来拿土，我给他一汤匙，他一转身，手发抖，土掉了，他就蹲下来抱头大哭。我说："老师你不要哭，我这一汤匙分给你一半。"那天还有救护车把两位老人送去医院，他们情绪太激动了，心脏也不好。因为老年人拿着土以后，好像是跟母亲见面了。家太重要了。

因分土有功劳，大家特别多给了我一汤匙土。我把一汤匙土放在银行的保险箱里，另外一汤匙分七次放到我的茶杯里，用筷子搅一搅就喝了。我喝了七杯。七杯水从我嘴边喝进去，又从我眼里流出来，眼里流出来的水不止七杯。世界上的泥土何其多，唯有故乡泥土贵，尤其是对游子。我喝了有家乡泥土的水，心里很舒适，思乡之苦好像一下子泄了很多。家乡的泥土是游子解思乡之苦的药。我在山东十三年，台湾七十年，但是提到家我就想到菏泽。这个家，这个生命的源头，没有任何地方可以替代。家好像放风筝的长线，牢牢地把我捆起来了。家真的很重要，就是我们的根。

情系桑梓，尽孝社会

我第一次回家是在 1991 年 5 月 1 日，这个日期我记得很清楚。我叫弟弟陪着我，因为这么多年了，我怕找不到村庄。天下着小雨，我们那个村庄离城里有三十里路，都是泥巴路，很滑。一开始我告诉那个师傅开快一点，我希望一步迈到我家院里面。快到村庄的时候，我的心脏开始剧烈跳动，好像要跳出来了。我叫师傅慢一点、慢一点，那个师傅瞪我一眼说："高先生，你怎么刚才叫我快一点，现在让我慢一点？"我没办法给他解释。车子开得很慢，到了村庄的东头，我就下了车，蹲在那里抱头大哭。老祖宗有一句话叫"近乡情更怯"，我那时才真正感觉到这句话形容得很到位。我们这些本来没希望回家的人，突然一下子回来了，的确有说不出来的"怯"。我转到村西头，有几个老人在那里抽烟，其中一个老头问我："先生，你找谁啊？"我说我找高春生。春生是我的小名。那个老人就讲："高春生死在外地了,死了几十年了。"我一看这个老头的面孔很像我的堂爷爷,我不知道他的大名,只知道他小名叫三乱。我就说:"三乱在不在?"他问:"你是谁啊?""我就是高春生啊。"我们两个就抱起来一边笑,一边掉泪。他告诉我:"我们都以为你死在外地很多年了,没想到你还活着。"

我父母年轻时放弃留学,回家乡创办新式小学。我从小生活在学校里,母亲以身作则教导我。牺牲小我,为老哥儿们义务服务,可以说是受到母亲和父亲的感染和熏陶。母亲时常给我讲,想要救国,为国家服务,就要把书读好。我爱我的母亲,爱我的故乡,爱我的祖国,这是血液中传承的情感。现在我书读好了,但是母亲已经走了。《孝经》里说:"身体发肤,受之父母,不敢毁伤,孝之始也。"最起码的孝我做到了,虽然危险重重,但我活着回来了,可惜娘没有等到我。《孝经》里还有一句话:"立身行道,扬名于后世,以显父母,孝之终也。"这是孝的最高点。我没有孝顺母亲,所以我想把孝移给社会,为国家尽孝。我要用我的生命发一点光,照亮那些没有来得及回家的老兵,让他们有一条回家路。从我到台湾一路走来,陆陆续续遇到认识的老乡,我就知道,我的方向没有走错。这些老哥儿们有一个愿望,就是活着时做游子,死了以后不能再做游魂。树高千尺,落叶归根,身体不能回去,灵魂也要回去。他们牵着我的手到台湾,我要抱着他们回家乡。

送老兵回家从1991年开始,已经持续了二十多年,可以说我在后半生完成了一个愿望。我拿到他们的骨灰后,感觉心安理得,睡得特别好。领取这些老兵的骨灰要办手续,很麻烦;把骨灰坛拿来放到我家里,最多放八个。住楼上的邻居都有意见,还说这个高律师改行做法师了。但是我知道，当我抱着老兵们的骨灰，把他们的灵魂安放在老家的时候，我的心就安了。如果他们家里没有人，就按生前的说明，把骨灰撒到村庄的四周。有家属的老兵，我就把骨灰坛交给家属。当我把这些老大哥们的骨灰交给家属时，我会用脸亲亲骨灰坛，说一声"再见"，因为他们地下有知。

"你要活下去，娘等着你回来"

我离开家的时候，上车前，娘拧着我的耳朵说："儿子，你要活下去，娘等着你回来。"这是我娘跟我说的最后一句话。小时候跟着人群到台湾，走了两千多公里路，就记得娘的这句话。现在我活着回来了，娘却没有等到我，我连给她送杯水的机会都没有了。

去年我带孙女回家乡扫墓。我年龄大了，也带不了几次了。我想对她们说：叶落要归根，爷爷的根，爷爷的生命源头，在山东，在菏泽，那里才是我们的老家，是我们的根。你们要切记，人不能忘本。我的骨灰将来也会送回山东菏泽。要随时随地回到家乡看看，看看你们的祖宗，看看你们的根。

谢谢了，我的家！

高秉涵的故事很自然地让我们联想到一首著名的诗歌——台湾诗人余光中的《乡愁》：

　　小时候

乡愁是一枚小小的邮票

我在这头

母亲在那头

长大后

乡愁是一张窄窄的船票

我在这头

新娘在那头

后来啊

乡愁是一方矮矮的坟墓

我在外头

母亲在里头

而现在

乡愁是一湾浅浅的海峡

我在这头

大陆在那头

　　高秉涵离家数十载，身在海峡那一边，心念海峡这一边。乡愁在他的梦里，更在他的心里。能回到故乡，看一眼故乡山水，看一眼娘，是包括高秉涵在内的所有台湾老兵最大的心愿。活着做了游子，死后不能做游魂，在另一个世界也要全家团圆。南宋诗人陆游在《示儿》中说：

死去原知万事空，

但悲不见九州同。

王师北定中原日，

家祭无忘告乃翁。

当两岸通航，高秉涵开始为故去的老兵实现叶落归根的梦。二十多年来，他带着近二百位老兵魂归故土。那一坛又一坛的骨灰，那一程又一程的回乡路，是为了一个愿望——回家团圆。

高秉涵在送老兵"回家"的路上不是孤独的。台湾高雄市左营区祥和里的里长刘德文，放弃待遇优厚的银行工作，牢牢记住老兵"化成灰也要回家"的遗愿，费心周折打探联系，十五年间往返海峡两岸一百余次，远赴福建、河南、山东、陕西、宁夏、内蒙古、湖北、湖南和东北三省等地，自费送一百多位老兵灵骨返乡。他说："两岸骨肉相连，我就是老兵们的儿子。"

台湾一直是大陆人民的牵挂。周恩来在病危时向夫人邓颖超交代，他的最后一夜要在"台湾"度过，他的骨灰在撒放前一夜要放在人民大会堂的台湾厅，因为他时常挂怀台湾。

愿海峡两岸早日和平统一，化两岸骨肉同胞分离的乡愁，圆两岸骨肉同胞团圆的长梦……

当代晏子　沙祖康

从事外交工作四十五年，改革开放以来中国外交的参与者和见证者，曾任联合国副秘书长。他性格直率，屡屡语出惊人。他曾处理举世瞩目的「银河号事件」，被称为「中国最霸气的外交官」「最不外交的外交官」。

沙祖康的母亲是一位普通的农民，但她面对艰辛生活时的顽强深深地影响了沙祖康的一生，铸造了他坚韧、自尊的性格。

男子汉要扛得住，阳光总有照到我们家的时候

出身寒门，人穷志不短

我的家乡在江苏宜兴蒋坫村，顾名思义，这个村里主要是姓蒋的人家。我们家是一个小姓，用现在的话来说，我们等于是移民到这个村的外来户，全村三家姓沙的，加起来不到二十人。当年在村里还存在着一定的封建残余，总有些家长里短和大大小小的磕碰，一旦发生冲突，我们家经常受欺负。人家过来就是上百个人，我们家只有几个人。我父亲是个残疾人，母亲身材矮小。别人到我们家闹，有时甚至拳打脚踢，我们无可奈何。母亲受了气，没有别的办法，只能跑到我们家后的河边去，一哭就是一两个小时。看着她的背影，我感觉到了一股气，立志长大后不让母亲再受这样的委屈。

虽然我们家经常陷入困境，但是母亲总教导我，做人要有自尊，有志气，只有自己尊重自己，别人才能尊重你。天上不会掉馅饼，牛拴在桩上会老，去耕地也会老，牛就应该下地干活，人必须像牛一样勤奋。母亲大字不识几个，但是她身上有中华民族传统的勤劳、

33

坚韧和善良。

在农村有一个习惯,每年初二看舅舅。我们家也一样,要到舅舅家拜年。一次,父亲带着我和弟弟去舅舅家,照例应该被热情接待。但我听到二舅妈和姥姥在厨房里议论,饭菜有好有坏,显然不想把好的给我们。我听出来了,非常生气。我觉得自尊心受到很大的冲击,我们出于礼貌来拜年,可不是冲着饭来。当时我就拉着父亲和弟弟走,还说:"不吃了,饿死也不吃他们的饭!"回到家以后,母亲知道了,她夸我说:"孩子,好样的,人穷,志不能穷。"

全村动员,助力上大学

母亲希望我能上大学,这样我以后就可以在城里找一份工作,摆脱农村的贫困。同时她又不希望我上大学,因为上大学要花钱,我们家非常贫困,可以说是整个村里最贫困的一家。

父亲特别希望我上学,他觉得,对农村的孩子来讲,上学是摆脱贫困和不公平的唯一办法。我从小学到中学都买不起练习本做算术。

有活干的时候,妈妈会拦着我,不让我出门。但父亲会说:"就让孩子去吧。"然后我就一溜烟儿跑出去上学。

对于我上大学,母亲非常矛盾。考试那天,父母给了我一双新鞋,说进城不要让人看不起;还让我把南瓜放进罐子,饿了可以在路上吃;又给了我几毛钱,考完试回来坐船用。

我不舍得穿新鞋,于是光着脚丫子走了十八里地,来到一个镇子,再从镇子走五十里到宜兴。那是我第一次出远门,第一次看到跑得那么快的公共汽车，感觉很幸福。我急着考完试，就回家割草养猪。为了宽慰母亲，我说考得一塌糊涂，很多题目没做出来，百分之百考不上。

放榜那天我有意不去，在地里干活。一个同学挥舞着大学通知书一边跑一边喊："祖康，你考上了！"回家后我告诉母亲，学校来通知了，我考上了南京大学英文专业，需要九块钱书费，每个月伙食费十三块五，坐车还需要三块钱。这些钱是我们家很大的开支了。母亲懊恼地说："这是谁办的学校，一个月十三块五的伙食费！我一年的油盐酱醋也不要这么多钱，反正这个学校我儿子是上不起。"

这时邻居来祝贺我们家出了村里的第一个大学生。公社书记说："我们农民子弟考上大学是非常了不起的事情，经济困难，我们想办法解决。"于是，他向农村信用社借了这笔钱，给我充作学费。这位书记永远是我的恩人，我一直记着他。

侠骨柔情，显大国风范

从学校毕业后，我就开始了外交工作。我们中国是五千年的文明古国，我们的外交官是很儒雅的，我们国家的外交也是有道德、讲信用的。我们从来不欺负别人，当然也不允许别人欺负我们。母亲帮我塑造了坚韧不拔的性格，再加上我童年的经历，又特别喜欢看武侠小说，所以在处理国际事务过程中，我看不惯恃强凌弱、以富欺贫，眼睛里容不得沙子，总要主持正义。我永远站在弱者这一边。我对广大发展中国家有天然的同情心，这也符合中华人民共和国发展的政策。发展中国家是我们的朋友，我从情感上和他们在一起，某些或者某个霸权主义发达国家随便欺负第三世界国家、歧视人权自由时，我会本能地站出来，捍卫他们的利益。所以，我在联合国工作的时候，我一走进会场，广大发展中国家一般会感到由衷的高兴，而一些西方发达国家会感到害怕。

有人说我对外比较强硬，但我觉得不是强硬，我只不过讲了实话而已。人权、民主、自由是普遍的价值观，任何一个国家都不应该有特权。美国每年出版人权白皮书，写全世界一百九十多个国家的人权状况，唯独不写自己的，它认为自己是楷模榜样。所有的西方国家以决议形式指责的对象，无一例外是发展中国家，西方国家把自己放在法官的位置上，把发展中国家放在被告的位置上。我认为，美国并不是真正关心谁的人权，完全是为政治上的目的羞辱他们。他们每一年在联合国人权会都要提出关于中国侵犯人权的决议草案，甚至说，每一年中国的人权状况都在倒退。我觉得，按照这个说法，中国应该退到原始社会，但是看看我们中国人，特别是年轻人，他们一个个非常愉悦开心。按照美国人的逻辑，为中国人民申冤，应该得到中国人的支持。可是，每当他们提出反华人权提案的时候，我们中国人民都强烈抵制，他们是自娱自乐，已经习惯居高临下地看待我们，自以为是。

我觉得，维护国家利益，特别是维护国家的领土完整和主权尊严，是每一个外交官，特别是中国外交官必须做到的。外交官不是去吵架，是代表国家和别的国家进行正常交往。我们的交往目的是增进了解，建立友谊，减少冲突，控制分歧，求同存异，不是为了翻脸，或搞自己那一套。我在外交生涯中处理过许多危机事件，印象特别深刻的是 1993 年的"银河号事件"。当时美国把我们的"银河"号商船堵在公海上，声称我们"违法"，派了两艘带着武装直升机的军舰，强迫我们返航。我们从改革开放和中美关系的大局考虑，在两难之间做了艰难的选择——接受核查，但是我们绝对不能接受美国的核查，最后是由美国作为沙特的顾问进行了核查。这件事可以说是中国现代外交史上的耻辱。我希望我们中国人永远不要忘记它。它说明，一个国家必须要有强大的军队，特别是要有强大的海军和空军。不管 GDP 多大，如果没有强大的军队，就不可能维护国家主权、领土完整和尊严。我现在七十多岁了，每每想到"银河号事件"，我心里都很难过。今天，我们中国的海军已经执行了一千多次护航，我们不仅维护了自己商船的安全，也维护了海上的安全。我坚信，1993 年发生的事情，今天不会发生，将来也永远不会发生。

我被美国人称为"最不外交的外交官"。2001 年，我被派往日内瓦担任联合国的常驻代表。英国大使跟我说："大使阁下，我们英国特别关心中国的人权问题。"我听了觉得特别不舒服，但还是非常温柔地微笑着对他讲："大使阁下，我看见你就想起你们曾强迫中国人民吸食鸦片，受到当年中国政府的坚决拒绝，因此 1840 年你们挑起了鸦片战争。鸦片侵犯了中国人民的健康权。而后，你们又非法占领我们的香港近二百年。今天你告诉我，英国政府关心中国的人权，我怎么想都想不通。中国的人权应该由中国共产党领导的中国人民政府关怀，中国的人权靠中国人民自己来维护。您就少操心了。"他被我说得简直哑口无言。2007 年，中央政府推荐我到联合国当副秘书长。结果，美国报纸的大标题说："最不外交的高级外交官来领导联合国了。"我觉得挺好。我讲话就是直来直去，丁是丁，卯是卯，不含糊。我觉得观点不同是正常的，因为国家的处境不一样。我比较喜欢实事求是，特别是在联合国这个多边外交场合。在我长达四十五年的外交生涯当中，无论是发达国家的同事也好，发展中国家的同事也好，我至少做到了一点：他们觉得我是诚实可靠的，是可以办事的。

"男子汉要扛得住，阳光总有照到我们家的时候"

在最艰难的岁月，我母亲经常感到上天无路、入地无门。可是，面对生活的绝望，母亲总是鼓励我："孩子，男子汉要扛得住，阳光总有照到我们家的时候。"

我觉得，一个人应该有志气。母亲告诉我，男儿膝下有黄金，男子汉大丈夫要做大事，应该有骨气，人可以穷，但是志不能短。我现在可以比较自豪地说，我这辈子几乎没有求过人。我觉得我的自尊心不允许我做求人的事。我没有对组织提过什么要求，我的妻儿都在外交部工作，但我不知道儿子上班在大楼的哪个房间，也不知道他的电话号码。我也要求儿子自力更生，不要求人。我儿子从不向父母开口要钱。

我妈妈从小一再讲，忠诚出在孝子家，孝子出在贫寒家。我要像妈妈学习，对孩子的关爱，应该更多地从精神上给予鼓励和培养，让他们有一种坚定的意志，要有种，要有自尊。我们应该相信他们有足够的能力，可以屹立于社会当中，用不着父母过多操心。

我想对妈妈说：我永远不会忘记你。现在我可以自豪地对你说，你希望你的儿子勤劳、自强，有志气，有自尊，我做到了。我维护了中国人的尊严，也维护了个人的尊严，你可以引以为豪。妈妈教给我的自尊自爱、艰苦奋斗的精神，体现了中华民族的精神。我感谢你的培养和教育。

谢谢了，我的家！

《孟子》曰："爱人者，人恒爱之；敬人者，人恒敬之。"同样，辱人者，人恒辱之。

外交家沙祖康的故事令我们想起中国历史上许多著名的外交典故，比如晏子使楚，比如完璧归赵。

春秋末期齐国大夫晏子出使楚国，楚王三次侮辱晏子，想显示楚国威风，晏子巧妙回击，维护了自己和国家的尊严。晏子使楚的故事赞扬了晏子机智勇敢、善于辞令、灵活善辩的外交才能和不惧大国、不畏强暴的斗争精神，讽刺了狂妄自大、傲慢无理、自作聪明的楚王。

战国时期赵国上卿蔺相如，机智周旋，据理力争，让秦王难越雷池一步，最终完璧归赵，捍卫了国家尊严，维护了国家利益。

从沙祖康大使身上，我们看到中华民族自古以来就有的不畏强权、机智勇敢、有理有节、不卑不亢的优良传统，他传承的不仅是家风，更是国风。为沙祖康在国际上维护国家尊严、捍卫民族利益点赞。

当代福尔摩斯 李昌钰

世界著名刑事案件鉴识专家，曾任美国康涅狄格州警政厅厅长，全美第一位出任州级警界最高职位的华裔，获得美国刑事领域杰出服务奖、美国法庭科学学会颁发的杰出成就奖、国际鉴识学会终身荣誉奖、世界杰出华人奖等。

妈妈才四十多岁，她决心把我们十三个孩子统统抚养长大，既没有想过改嫁，也没有想过把我们送到孤儿院，就是决定要尽心尽力抚养我们。妈妈对我们每个人都非常关心，不仅仅是我们的生活，还有我们的学业。所以，我常常告诉别人，妈妈不仅仅是我的妈妈，也是我的爸爸。

因此，我其实是在单亲家庭长大的，家里兄弟姐妹很多，我排行第十一，是最小的男孩。妈妈虽然没有受过正式的教育，但是她出身书香门第，念过很多古诗词，她的爸爸妈妈对她的一生影响巨大，教会了她中国传统的美德，做事做人的道理。在没有父亲的日子里，我们的生活虽然辛苦，却充满了甜蜜。妈妈照顾我们所有的孩子，烧饭、洗衣，把家里整理得干干净净的。一大早她就起床，到了半夜还在工作。为了维持生计，妈妈的压力非常大，她过几个礼拜就要去变卖古董、首饰、字画。

因为生活困难，我小时候穿的衣服都是哥哥们穿剩的，妈妈修修补补再给我穿。衣服虽然破，但是每天都干干净净。当时家里穷到一年只能给孩子买一双鞋，尽管如此，妈妈一定让我们穿鞋出门，再穷也不能赤着脚。那时候到学校要走几里路，遇到刮风下雨，出了家门我就脱下鞋，到了学校再穿上。

在那样的困境下，我们一家人变得很团结。哥哥和姐姐都懂得照顾弟弟和妹妹，哥哥和姐姐大学毕业后就赶快工作，工资全部交给妈妈，一分钱都没有留，协助妈妈养家。我上中学的时候，课余打工送报纸，送报的钱都交给妈妈。我上初中的时候，大姐、大姐夫在台湾中部的彰化工作，为了替家里分担负担，大姐让我搬到他们那边去，她可以照顾我。临行前，妈妈帮我收拾行李，给了我一个针线盒。她说，衣服破了要自己懂得缝缝补补，但是这个针线盒不要随便打开。我当时没有明白她这句话的意思。有一天，我实在忍不住，打开一看，发现里边包了五块钱。现在看起来，五块钱太少了，但是它所包含的意义太重了。那五块钱我一直没有舍得用，后来还给了妈妈。现在想起来很后悔，为什么我没有把这五块钱保留下来做个纪念？！

那时候，从家乡跟着我们一起到台湾岛的，还有亲戚朋友一大堆人，都住在我们家里。妈妈每天烧饭，先给亲戚朋友吃，然后给我们这些孩子吃，她最后吃剩饭剩菜。我问妈妈为什么这么做，她说待人要好，要尽心尽力。当时我年纪还小，不知道其中的道理，稍微大了一点，明白了这是她做人做事的哲学：假如每个人都能待人尽心尽力，这个世界就会变得美好。即便是今天，回味妈妈当时的话，我依然能感觉到妈妈的伟大。

我印象里，我小时候妈妈总是很忙碌，我们还没有起来，她已经起来了，已经在烧饭、准备，然后就叫孩子们起床。每天早上，她要指挥一个"军队"出发，哥哥到哪里，姐姐到哪里，每个孩子到哪里，交代清楚了，就说："好了，你们开始走吧。"她自己很简单，简单地穿一件长裤，中式的，干干净净的。现在回想，妈妈实在是一个伟大的领导人，领导了我们一家。

在我的脑海中一直有这样的画面：每天晚上我们全家人围坐在一个圆桌边，那是家里唯一的桌子，饭桌也是它，书桌也是它。吃完晚饭，妈妈在灯下补衣服，我们坐在桌旁学习。有时候妈妈会和我们谈谈天，讲点家乡的事情，问问我们学校的近况。学习中不懂的问题，大孩子教小孩子，小孩子问大孩子，大家互帮互助。今天回想起来，依旧觉得那么值得怀念。

妈妈尽全力把孩子养大，督促孩子学习。她也是个很开明的人，并不要求每个孩子都考一百分：你不努力，即便考九十分她也不高兴；只要你尽了最大努力，即使只考了八十分、七十分，她也会很满意。我小时候因为聪明念书，常常不太用心，妈妈就告诫我不能马马虎虎，做什么事情不能因为自己聪明就不专心了。妈妈当时对我的教育，影响了我一生。

有商有量

家境好的时候，我父母原本希望我们长大后可以去念工程或者商学。父亲的突然离世，改变了我们的人生轨迹。如果没有"太平轮事件"，我也许不会去美国，也就不会从事刑侦工作。

我小时候很听妈妈的话，但在重要选择上我会和妈妈商量。我有过三个重大选择。

第一次是台湾地区的联考，就和今天大陆地区的高考一样。通过考试后，我被海洋大学录取，毕业后有机会去做船长。虽然那所学校学费很贵，妈妈却说没有问题，哥哥姐姐们都会帮。我从小比较独立，希望依靠自己的力量。正好警官大学也招生，不仅不收学费，每个月还有五十块的津贴。所以，我就决定去警官学校。妈妈不希望我去，因为按照旧时代的观念警察都是不学无术、欺诈人民的。于是我跟妈妈说，先让我念一年，你去看一看那个学校再做决定，假如你还是不同意，我再转学。妈妈看了一下觉得学校还不错，而且一年后，因为吃得饱，又经常做运动，我的身体变得更强壮，加之我喜欢理工科，做事也认真，妈妈最终就同意了。

第二次是我想当演员。我到警官学校一年之后，香港邵氏公司到台湾地区招考演员，条件是会武功、年轻、长得帅的警察。所有学生都列队让他们挑选，我一下子就被选中了。我回家告诉妈妈，既然你反对我做警察，那么我转行去做演员。结果没想到，比起做警察，妈妈更不喜欢我做演员。这次我很听话，就没有去。后来李小龙成名了，我还和妈妈开玩笑说，你看，本来是我而不是李小龙要出名的，我的一生被你耽误了。

最后一次是结婚。我当巡警的时候，认识了来台湾读书的宋妙娟，也就是我的太太。我们恋爱以后，双方家长都反对。我曾经答应妈妈念完博士再结婚。我和宋妙娟想了很多天，我写了一封信给妈妈。在信里，我向妈妈保证一定念完博士，但是姻缘自有天注定，假如错过这个机会，也许我们永远就错过了，所以我们决定结婚。我们结婚后从来没有分开过，她照顾我，我照顾她。妈妈非常喜欢我的太太。我这一生很幸运，有一个好妈妈，还有一个好太太。

为了完成对妈妈的承诺，我挑战了不可能。在台湾警官学校学习期间我了解到，冤枉人的情况时有发生，于是我开始对用科学证据破案产生兴趣。1964年，我赴美留学，从头学起。很多同学认为我真笨，不直接念硕士，反而从大学一年级开始念。我觉得，只有这样才能打好我的科学基础，到法庭的时候我的语言能力才能够胜任。假如基础没有打好，真正吃亏的还是自己。我去大学注册的时候已经二十七岁了，我的同学都是十九、二十岁的年轻人。我就想，如果和他们一起按部就班读下去，这要花很多时间。于是，我下定

49

决心赶快念完。当时在美国，一般大学生一个学期有十四个学分就算很多了，我决定念二十个。教授说，念二十个学分是不可能的。我说，不试怎么知道不可能。他说，你每一科都会不及格。结果，我所有的科目都拿到了"A"。就这样，我把不可能变为可能，最终获得了博士学位，完成了妈妈的嘱托。

不怕吃亏

我妈妈一直给我讲，多吃点亏，不要斤斤计较，不要马马虎虎。妈妈不仅这样教导我们，自己也是以身作则，身体力行。她烧饭、做菜、补衣服，都认认真真；教育孩子们的时候也认认真真。有时候我劝妈妈，马马虎虎就算了。妈妈指着我说，做事要认真，不能马虎。后来我求学、工作的时候，做人做事都非常认真。

我工作以后，世界各地常常请我去讲管理学。我说，管理其实很简单，管理就是管人，管人就要管心。假如大家能同心合力，任何一个家庭、一个社会、一个国家，都会强盛，都会变好。待人一定要待他的心，自己的心首先要正，如果自己都管不好自己，那还怎么待人呢？尤其我们当警察的，总会接触到很多诱惑。假如你做人不公正，一开始被引诱了，那么你的一辈子会变得很困难。自己做好人，才能管家；管好家，才能管办公室；管好办公室，才能带领团队。

如果说我在实验室里稍微有那么一点成就的话，那是因为妈妈教我无论做什么事情，不管大小，不能马虎。尤其我们这一行，做事情一定要细心。我常常说，现场只有一次机会，要观察入微，从所有角度，从上到下，从里到外，都要看得清清楚楚，一根头发、一根纤维都不能忽略。如果我们不细心，物证没有看好，也许这个人一生就因为你没有看好而被冤枉了。

我记得在纽约大学生物化学系实验室洗试管的时候，我的主管叫乔治。上班第一天他告诉我，不要洗得太快，马马虎虎洗洗就好了。我问他为什么，他说，你洗干净了，他们又会弄脏的。当时一共有十五个实验室，洗试管的只有四个人。我说，我负责其中的五个吧。乔治说，这个中国人真笨，不会算数。他就分给我五个最忙的实验室。每天我很早就去把试管洗得干干净净。有一天，一位生物化学家对我说，年轻人，你很勤劳，但是我没有钱付给你。你愿不愿意帮我做实验？我说"好吧"，因为我可以不交钱就学到本领。结果乔治说，你真笨，没有钱为什么要帮他？一年后，我升职了，乔治还在洗试管。再后来，我念完了博士，做了教授，乔治还在洗试管。有一天乔治找到我说："你是对的。"就这样，我一个当警察的去念生物化学，念完以后做了教授，做了刑事鉴识科主任，做了州警政厅厅长。

1998年，美国康涅狄格州州长邀请我担任州警政厅厅长。美国有史以来的二百多年里，担任州警政厅厅长的都是白人。一开始我并不想干，觉得警政厅厅长每天除了开会就是开会，生活都浪费了，没有认认真真干一天。州长请我妈妈劝我。妈妈问我为什么不做，我说没有意义。妈妈说，做什么事不仅是为自己而做，也要为了未来。在美国，从警的亚裔人员有五千多人，大半都是做比较基层的工作，之前从来没有一个人做到厅长。妈妈说，美国社会里就像有一个无形的"屋顶"，你明明可以上去，但是机会先给白人，不给有色人种，所以，你要打破这个"屋顶"，给我们后来的东方人一个机会。被妈妈讲通后，我就做了两任厅长，好好地做，认认真真地做。在美国做警政厅厅长，天天有很多的事情，大事小事，种族纠纷、警察杀人等，假如处理不好，甚至会引起整个社会的骚乱。假如每一件事情都认认真真地做，没有什么是做不好的。我用自己的工作向世界证明：中国人不仅能够在美国担任警政厅厅长，而且做得比外国人还好。

我们人生的每一步都会面对一些困难，这时就看你有没有梦想。假如有梦想，你就每天扎扎实实，一步一个脚印，等一年后回头一看，你已经走了很多步了。我一直记得妈妈的教导，做事要仔仔细细，踏踏实实，只要努力，总有会成功的一天。

"虽然没有钱，也要干干净净"

"虽然没有钱，也要干干净净。"这是妈妈对年幼的我常说的一句话。那时我以为只是要穿得干干净净，长大后才发现，妈妈的这句话其实隐藏着一个非常深的哲理：做人做事要正正当当，穷也不要贪不义之财，穷也要做堂堂正正的人，穷也要品德干干净净。妈妈不但抚养了我们十三个孩子成人，而且教育我们每个人都要做正正当当的人，能够对国家、社会、人类做一点点贡献，要我们不要忘记自己是中国人。现在每次想到她的话，我还会非常感动。

也许是因为在贫穷的家庭里长大，金钱的意义对于我显得不同。今天，我的生活虽然变好了，但是对于金钱依然看得非常淡。我刚到美国的时候很辛苦，半工半读，为了赚学费和生活费打三份工：在纽约大学医学院工作，在餐馆打工，周末去教功夫。现在我有能力了，我希望鼓励年轻人创造出自己的一片天空，实现自己的梦想，所以我设立了奖学金。妈妈教导我，帮助别人才是真正的成功。

妈妈常常给我们讲，不要忘记家乡，不要忘记祖国。她平时和我们交流的时候，都是说如皋话，所以我们都会讲如皋话。在她一百岁生日的时候，我问妈妈要什么礼物，她说什么都不要，只想回家乡给孩子们建一所学校。2001 年 9 月 17 日，由妈妈捐赠修建的如皋师范附属小学岸佛运动场正式落成。我受百岁老母之托，再次回到故乡。离开故乡前，我挑了一块故乡的老青砖，装了一小袋泥土，带给久居纽约、日夜思乡的妈妈。妈妈临终之前还让我告诉孩子们，不要忘记我们都是中国人，我们都流着中国人、中华民族的血，我们有一个根在中国。

我想对我十三岁的孙子说：亲爱的友力，我要告诉你的是，永远不要忘记你是一个中国人。你的祖父就是我，叫李昌钰。你的祖母叫宋妙娟，你的曾祖母叫李王岸佛。我们的老家在中国江苏省如皋市，当年你的曾祖母就是从那里带着你的祖父走向世界。家乡有你的根，你一定要回祖国看看，要关怀家乡，照顾亲人，以诚待人。今天，中国梦唤醒了很多海外游子的共同梦想。我相信，在这一梦想的激励下，祖国会越来越好。因为有了一个中国梦，你就能够认认真真地去做事，认认真真一天一步，你终究会达到自己的目的。你的父亲李孝约，你的姑母李孝美，虽然都出生在美国，成长在美国，但是他们身上依旧流淌着中华民族的血液。你也一样，你要记住，无论今后你走到世界哪一个角落，你的背后始终有一个远远的家，强大的依靠，她的名字叫"中国"。中国是世界上现存最古老的文明古国，我们有世界上最悠久的历史，最长远的文化，你应该为身为一个中国人感到无比的骄傲。友力，你要好好地学习，做一个堂堂正正的人，你要孝敬你的父母，做事要认认真真，做人要尽心尽力，不畏挑战，勇于搏斗。

谢谢了，我的家！

李昌钰的职业经历和中国古代刑侦专家宋慈非常相似。

宋慈是南宋著名法医学家，他少时师从朱熹的弟子，深受理学"主敬""穷理"治学思想的影响，从而确立了"精审"的态度和原则。宋慈开辟了实证推理的先河，因此被尊为世界法医学鼻祖。宋慈审案，既没有官老爷做派，也不顾死尸的脏臭和晦气，每每亲临现场，仔细勘验。宋慈所著《洗冤集录》，直到清末都是权威教科书，而且是世界上最早的法医专著。

李昌钰和宋慈都属于刑事鉴定专家。李昌钰被称为"现场之王"，获奖无数。和宋慈一样，他们都有一颗清白明朗的心，清白的心能感受到百姓疾苦，为人公正；明朗的心能看清扑朔迷离的案情，明察秋毫。

作为美国二百年来第一个警政厅的华人厅长，李昌钰的成功来源于母亲李王岸佛的谆谆教导——干干净净的心，清清白白的人。因此他能秉公执法慎重办案。李昌钰的一言一行，一举一动，不仅代表了自己，更代表了所有华人，向世界展示了华人的人格与才干！

梅

不是一番寒彻骨，争得梅花扑鼻香。

——唐·黄檗断际禅师

墙角数枝梅，凌寒独自开。遥知不是雪，为有暗香来。

——宋·王安石

冰雪林中著此身，不同桃李混芳尘。

——元·王冕

梅顶雪独放，"万花敢向雪中出，一树独先天下春"（元末明初·杨维桢《道梅之气节》），在"悬崖百丈冰"的时节"花枝俏"，不虚"百花魁"之称。在民间，梅有迎春报喜、吉祥喜庆之意。梅花五瓣象征着五福：康宁、长寿、富贵、好德、善终。

四库全书中《御定佩文斋广群芳谱》卷二十二中写道："梅具四德，初生蕊为元，开花为亨，结子为利，成熟为贞。梅有四贵，贵稀不贵繁，贵老不贵嫩，贵瘦不贵肥，贵含不贵开。"

自古以来，早开、耐寒、幽香的梅，因其清雅俊逸的风姿、冰清玉洁的风骨、凌寒留香的气节，尤为历代文人士大夫所喜爱。人们或称之"雪中高士"，或将其与兰、菊、竹并誉为"四君子"、与松、竹并称为"岁寒三友"。种梅、赏梅、画梅、踏雪寻梅，皆为文人雅事。宋代诗人范成大在《范村梅谱》中言："学圃之士，必先种梅，且不厌多。他花有无多少，皆不系重轻。"

由于爱梅，文人留下了数不尽的咏梅诗。宋代陈亮《梅花》诗有"欲传春消息，不怕雪埋藏"，写梅花不畏严寒，敢为天下先；元代王冕《墨梅》诗有"不要人夸好颜色，只流清气满乾坤"，夸梅花洁身自爱、束身自好；宋代卢梅坡《雪梅》诗有"梅须逊雪三分白，雪却输梅一段香"，赞梅花不追求外在的姿态颜色，不在意蜂蝶的围绕追逐，为寒冬默默地送上一缕幽香；宋代陆游也认为梅乃"花中气节最高坚"（《落梅》）。

梅的文化意象，折射着文人士大夫特有的审美情怀和人格理想，如清高脱俗、洁身自好、淡泊素真、不畏风寒、勇于抗争、敢为天下先等等。梅文化也为中国传统家风家教文化所推崇，尤其在文人士大夫的家训中，随处可见梅所象征的风度、风骨、气节、神韵。

宋代理学大家朱熹是唯一非孔子亲传弟子而享祀孔庙的大儒，在中国教育史上享有重要地位，他恢复了两大著名书院——白鹿洞书院和岳麓书院，在家风家教方面更留有家训。明代朱培辑《文公大全集补遗》卷八引《朱氏家谱》，其中录有朱熹家训云："有德者，年虽下于我，我必尊之；不肖者，年虽高于我，我必远之。""勿损人而利己，勿妒贤而嫉能。""见不义之财勿取，遇合义之事则从。"……凡此种种，对后代子孙立德修身立下具体的操守规范。朱熹爱梅，有"玉梅疏半落，犹足慰幽寻"(《梅岭》)、"梦里清江醉墨香，蕊寒枝瘦凛冰霜"(《墨梅》)等咏梅诗句传世，寄寓诗人坚持高洁人格的情怀。

明代叶盛撰《水东日记》卷一五载有《陆放翁家训》二十六则，皆系诗人陆游发自肺腑之言。如寡过："汝辈但能寡过，勿露所长，勿与贵达亲厚，则人之害己者自少"；如去贪："但念此物若我有之，竟亦何用？使人歆艳，于我何补？如是思之，贪求自息"；如为善："使世世有善士，过于富贵多矣，此吾所望于天者也"；如诗书传家："子孙才分有限，无如之何，然不可不使读书"……语重心长，寄意遥深，道出一位忠厚长者对于自家子弟的由衷之论。所有这些正与他在《卜算子·咏梅》中赞梅洁身自好的诗句相投："无意苦争春，一任群芳妒。零落成泥碾作尘，只有香如故。"

清代名臣曾国藩非常重视家教。为正家风，他留下大量家书、家训，以传授其一生治政、治家、治学之道。在这些看似平淡朴实的家长里短中蕴含着真知良言，具有极强的训育作用。曾国藩强调"三有"："盖士人读书，第一要有志，第二要有识，第三要有恒。有志则断不甘为下流，有识则知学问无尽，不敢以一得自足……有恒则断无不成之事。此三者缺一不可"。他还说："天下古今之庸人，皆以一惰字致败，天下古今之才人，皆以一傲字致败。"有志而不傲，正好比梅花无意艳压群芳，在暗香浮动中完成自己的使命。

梅文化所折射的文士人格、气节和情怀，在梅系列六位家风故事主人公身上表现得尤为突出：

中国航天事业奠基人钱学森之子钱永刚，恪守着"利在一身勿谋也，利在天下者必谋之；利在一时固谋也，利在万世者更谋之"的钱氏家训；

六十年义诊的潘敬新家族，继承大医"大慈恻隐之心"，践行良医"一艺三善"；

古典诗词研究家詹安泰之孙詹俊，秉持读书人的家风，把文学修养带入足球解说；

人像摄影师肖全，用镜头定格灵魂，用照片记录时代，用生命践行艺术的人文关怀；

文化名人丰子恺外孙宋菲君，传承文人最可贵的赤子之心，用诗意的眼光看世界，对艺术充满童心，对生活充满童趣；

诗人徐志摩之孙徐善曾，通过研究祖父的史料和作品，读懂了一代文人对自由、爱和美的追寻，延续了徐家持续数代的慈善事业。

这一代代文心、仁心，如凌霜傲雪的梅，暗香千百年。

愿中国高洁如梅！

《钱氏家训》受益者　钱永刚

理学硕士，计算机应用软件高级工程师，上海交通大学钱学森图书馆馆长，清华大学等多所高校兼职教授或客座教授。

钱永刚的父亲钱学森是中国航天事业奠基人，因在总体、动力、制导、气动力、结构、材料、计算机、质量控制等领域的丰富知识及科学成就，而被美国海军部前副部长丹·金贝尔称为"自带五个师的兵力"。他一生重大家轻小家，重科学轻名利，努力五年只为回到中国，努力十年只为中国航天事业。相较于无与伦比的科学成就，钱学森的知识分子风骨是钱永刚最深的记忆。

淡泊名利，心系祖国

　　1955 年 10 月，我父亲带着全家从美国回到祖国，落户北京。第二年 6 月，应苏联科学院的邀请，父亲去苏联讲学。那是他回国后第一次出国，在一个月里，他参观苏联的大学和研究机构，应邀发表演讲和参加座谈会，向苏联同行介绍美国科学技术发展的情况。回国时苏联方面给了丰厚的酬劳。我父亲回到中国后，把厚厚的装有卢布的信封交给了国家，用于祖国社会主义建设。

　　1957 年 1 月，我父亲获得了中国科学院科学奖金一等奖，奖金一万块，在当时是一个天文数字。他当即用这一万块钱买了国家经济五年计划建设公债，1961 年底公债到期时，他把连本带息的一万一千五百块钱捐给了中国科技大学，用于购买教学设备。那一年的新学期，钱学森要开讲"火箭技术概论"课，他事先要求所有听课的同学必须每人准备一把计算尺，可是许多同学的家境并不富裕，当时一把计算尺的价格就是一个同学一个月的伙食费，三分之二的同学买不起计算尺。我父亲发现了这个问题，就请学校用部分捐款购买了一百多把计算尺，让买不起计算尺的同学都用上，使那笔捐款派上了用场。这里还有一个小插曲：文具店的有的便宜有的贵，工作人员把最便宜的将近一百个计算尺都买了，可是发下去以后还有几十个学生没有。我父亲听说了，叫工作人员一定要足额购买，必须保证每个学生都有一把计算尺。为此，1961 年 12 月 25 日，中国科技大学党委专门给父亲写了一封感谢信："一把把计算尺，不仅解决了学生的经济困难，更给了他们精神鼓励。"那些得到计算尺的学生中有些成了科学家。现在，当年的计算尺成了文物：当时的一位班长毕业后留校任教，后来当了教授，也教过"火箭技术概论"课。我请这位班长把他的那把计算尺捐给了上海交通大学钱学森图书馆，通过这把计算尺的故事，教育现在的老师要向钱学森学习怎么为人师表。

1962 年，我们国家处于非常困难的时期，党中央号召广大干部减工资，后来动员科学家也减工资，以共渡难关。我父亲一听说，就给当时的力学所党总支书记写了一封信，正式请求组织减他的工资。他在信中说，他一直在考虑降低自己的工资，因为当时全国人民的生活水平都比较低，而他感到自己的工资偏高，正好可以借这次机会完成自己的愿望。于是，他先主动把自己的学部委员津贴去掉，再和大家一样按比例减工资，这样他的收入从四百多块降到了三百三十一块多，而且一直持续到 80 年代初期。

1995 年，我父亲获得了"何梁何利基金优秀奖"，拿到了一百万港元奖金。有人曾经怀疑他会自己留下这笔巨款，我父亲依然决定捐出这笔奖金。他修书一封，把这笔钱捐给了促进沙产业发展基金，用于我们国家西部治沙事业。

1985 年，美国总统科技顾问、白宫科技政策办公室主任基沃斯访问中国，他的意图就是代表美国政府邀请钱学森访美。基沃斯说，为了表彰钱学森曾经为美国科学技术发展做出的巨大贡献，美国国家科学院和美国国家工程院都可以授予他院士头衔，总统或副总统可以授予他美国国家科学勋章。对此，我父亲会心一笑说："这是美国佬玩的花招，我根本不会去，我也不稀罕。"他表示，自己当年是被美国政府驱逐出境的，如果美国政府不公开给他平反，他绝不会踏上美国国土。有朋友劝父亲接受邀请访问美国，这毕竟是非常高的荣誉，可是他说："评价一位中国科技工作者的工作，最权威的不是一个什么美国的评审委员会，而是中国人民。如果中国人民说我钱学森为国家、为人民办了点事的话，那才是最高的褒奖。"

生活简朴，幽默风趣

我父亲上班常用的皮包，是他在美国一次会议上收到的纪念品，回国的时候一起带回来了，用了几十年，直到他不上班。那个包破了缝，缝了破，不管别人怎么劝，他就是一直不换。因为东西越来越多，他也有其他的包，但那个包一直没扔。包虽然破，可是里面曾经装了多少事关我们国家科学现代化、国防现代化的资料和文件。它作为一个见证了我们中华人民共和国国防科学现代化发展进程的实物，完全可以评得上一级文物。

当空调已经进入千家万户的时候，我父亲依然用扇子。其实最初家里有一个空调，后来有一年特别热，要换一个更大功率的空调，他就说不要麻烦了，用扇子就可以，忍一忍就过去了。扇子扇着扇着就散了，他就用胶条粘上，继续用，坏了再粘。他一生都是这样，觉得在生活上标准越低越好，只要满足生活基本需求就行，严禁铺张浪费，能修的就修，实在不能修了再换。现在，在上海交通大学钱学森图书馆有二十多把这样的扇子，印证了我父亲的简朴生活。

我小时候很喜欢看《十万个为什么》。到了暑假，父亲笑着说："咱们也留个暑假作业吧，你一天看四十页，怎么样？"我起初不懂，因为看小说一天可以看一百多页，后来才知道，科普文章和小说不一样。他说："你做好标记，等我有空你来问我。"我最开心的就是在客厅里向父亲问问题。我冥思苦想半天也搞不明白的，他三言两语就说清楚了，很多问题一下迎刃而解，我长了不少知识。后来我听别人说他讲课水平高，因为他可以用很易懂的话讲清楚艰深的科学道理。

有一次，我跟他发牢骚，说这次考试出的题以前没有教过。他就呵呵一笑，说："你认识到这一点，今天的考试就没白考，就有收获。因为你懂得了考试就是会考你没有学过的知识。"听他的点拨，我觉得很受用。他还说，你们现在考试测验，无一不是学过的东西。但是你要知道，将来你走向社会，不是只考你会的，也考你不会的。你的本事高低，不仅在于你能解答学过的、学会的，对于不懂的、不会的，也要想办法考好。后来我工作了，这种情况确实经常发生。我回忆起父亲的话，觉得很有味道、很有哲理。

我们全家在一起的机会不多，他和我母亲偶尔会在家听唱片，听艺术歌曲，气氛很独特。晚年的时候，他们会交流对音乐的理解，会关注国内文艺新作，了解我们国家的文化发展。我父亲虽然是一个科学家，但他的兴趣是跨领域的。

我的父亲母亲在生活中很幽默。父亲晚年卧病在床，有一次，我母亲替父亲去外地领奖。临行前，母亲去和我父亲告别。她笑着说："老伴儿，我去领奖了，这两天不能陪你了，你好好待着。咱们先说好，我领奖回来，钱归我，奖给你。"爸爸反应极快，回答说："这个好，钱归你，奖（蒋）归我。"我爸爸姓"钱"，我妈妈姓"蒋"，他这一句话里糅进了两人的姓。我们听了以后，觉得两位老人的对话既有趣，也让人受教育。

"我姓钱，但我不爱钱"

我父亲生活非常简朴，我觉得这个背后实际上反映了中国知识分子非常优秀的美德，就是他们的历史担当。回顾西汉时期霍去病的豪言壮语："匈奴未灭，何以家为？"抗日战争时期强调的"天下兴亡，匹夫有责"。还有我们钱氏家训中的一句话："利在一身勿谋也，利在天下者必谋之。"它告诉后人，一个读书人应该承担对国家和民族的历史担当。我父亲自己也有类似的话。1987 年，父亲率中国科协代表团回访英国，时任驻英大使请求我父亲为中国留学生讲几句话。父亲说："鸦片战争百余年了，国人强国梦不息，抗争不断，革命先烈为了强国，为了兴邦，付出了自己的性命，血卧中华热土。我自己作为炎黄子孙的一员，只有追随先烈们的足迹，在千难万险中探索追求，而不顾及其他。"

我现在是上海交通大学钱学森图书馆的馆长，开馆以来已经接待了一百多万名参观者。每次为他们讲解的时候，我内心希望，他们能够通过了解老一辈科学家的生平事迹，逐步树立起中国人、读书人的历史担当。在念书的时候珍惜机会，长大后为我们的国家和社会做一点事。

至于对我父亲的评价，一方面，我认为他并不是一个称职的父亲，他给我的东西还不够多，如果更多一点的话，今天钱永刚的本事可能更大一点；另一方面，我认为他又是一个称职的父亲，在那个年代他承受那么大的工作负担，压力如此之大，他却能很高效地给我一些做人的基本教育，使我至少还成了一个社会能够接受的人，对社会有用的人，我也很知足。我跟晚年的父亲聊天的时候，他说："你上学的时候，我确实忙，没工夫管你，我曾经想过，如果每一个周末我就给你出一道题，数学的、物理的、化学的，我有信心，你高考的时候想上哪所大学就能上哪所大学。"我当时听了以后很感动。他作为父亲，不是不愿意自己的孩子上进，他当然希望自己的孩子像他一样上最好的大学，将来为国家、为社会做更多的贡献。可是他也知道，一个人的精力有限，不可能面面俱到。俗话说，有得必有失。我很理解他的这个"舍"：在国家的需要面前，他舍弃了对孩子的教育。我没有抱怨。

我知道，当今社会对我而言，不可能没有负面的影响。但是我很庆幸，我的父亲母亲对我的教育，让我对名和利有比较清醒的认识，让我在当今的社会中还能够站得住。每每想到这里，我都情不自禁地深深地感谢他们。

谢谢了，我的家！

　　钱永刚的父亲钱学森是中国航天事业奠基人，被周恩来总理尊称为"三钱"之一。钱学森属杭州钱氏，诺贝尔奖获得者钱永健是其堂侄；钱三强乃湖州钱氏，其父是新文化运动著名人物钱玄同；钱伟长是无锡钱氏，与钱钟书同宗，都称国学大师钱穆为叔叔。钱氏家族"一诺奖、二外交家、三科学家、四国学大师、五全国政协副主席、十八两院院士"。

　　据考证，他们都是吴越国王钱镠（852—932）的后嗣。近代以来，钱氏家族人才遍布世界各地，横跨各个领域。除上述"三钱"

外，钱其琛、钱俊瑞、钱正英、钱复、钱基博、钱文忠等钱门才俊
辈出。据统计，当代国内外仅科学院院士以上的钱氏名人就有一百
多位，分布于世界五十多个国家。

什么原因让这个家族如此枝繁叶茂，又硕果累累？答案正在于
家风传承。钱氏先祖吴越王钱镠贯彻"以民为本，民以食为天"的
国策，礼贤下士，奖励垦荒，兴修水利，修建了钱塘江海堤和沿江
水闸，人称"海龙王"。他在位的四十年间，经济繁荣，百姓安居
乐业。钱镠去世之前，写了一部奇书——《钱氏家训》。

《钱氏家训》以儒家"修身、齐家、治国、平天下"的理想为
据，内容涵盖个人、家庭、社会、国家四个方面，对子孙立身处世、
持家治业的思想和行为做了全面规范和教诲。千百年来，钱氏族人
以《钱氏家训》为行为准则，践行着"利在一身勿谋也，利在天下
者必谋之；利在一时固谋也，利在万世者更谋之"的家训，将个人
命运、家族命运和国家命运联系在一起，因此，这个家族才能才俊
辈出，枝叶常青。钱氏家族可以说是中国家风传承的典范。

义诊六十年的仁医家族

潘敬新（右）

潘家义诊第二代医生，福建医科大学附属第二医院血液科主任医师。

潘宏达（左）

潘家义诊第三代医生，北京大学肿瘤医院结直肠外科住院医师。

潘敬新的叔叔潘明继从医五十七年，是中西医结合肿瘤科主任医师。他和夫人施增英共同开创了潘家的义诊之风，带领潘家三十四人义诊六十年，一代代传承医德，传播仁心。

你怎么让病人到外面去等呢？

潘敬新：诗人以诚，誓救死扶伤

我的叔叔潘明继医生是我们家族的灵魂和表率。他对子女和晚辈虽然要求很严格，但态度一直都很亲切和蔼，印象中他只对我发过一次火。

记得那是我读大一时，一天中午正下着雨，一位四十来岁的妇女抱着小孩来找叔叔看病。这时已接近下午一点了，叔叔婶婶都还在外面开会。我跟那妇女说明了情况，并没让她进门，只是请她等会儿再来。叔叔回来后，我向他汇报了这件事，没想到，叔叔一下子瞪起了眼睛，一向儒雅的他变得非常愤怒，冲我喊道："你怎么能把病人拒之门外呢？"我吓坏了，知道自己闯下大祸了，赶紧抓了顶斗笠跑出去找人。叔叔和婶婶也拿着雨伞出去找人。我找了差不多一个钟头，终于在离家一公里多的地方看到了她：她在一家小卖部躲雨。我马上告诉她，叔叔回来了，请她去家里看病。叔叔见了她一再道歉："小孩子不懂事，没有让你进门，让你受苦了！我们家历来把病人当自家人看，从没有把病人挡在门外的习惯。"当时我心里还挺委屈的：病人上门求医，医生不在，让病人在外面等一下，这有什么不对呢？直到后来我也成了一名医生，才理解叔叔当时为什么那么着急——病人的孩子发烧了，那时候刚好下着大雨，叔叔担心小孩淋了雨病情加重，后果可能会不堪设想。

我一直在思考，为什么叔叔能赢得这么多人的尊敬呢？不仅因为他医术高超，更因为他品德高尚。叔叔几十年如一日，不管病人的职位高低，富贵还是贫穷，他都一视同仁，把病人当作亲人。叔叔历来都怀着一颗仁心，为我们这些后辈做表率。

我亲眼见过一个从江苏盐城慕名到福州找叔叔看病的人，他的家庭很不幸：父母已经年迈，其中一个身患中风，他的爱人又是个残疾人，全家人都依赖他的照顾。可更不幸的是，他本人被当地的医院诊断得了骨肉瘤，这是一种非常凶险的恶性肿瘤，而且没有很好的疗法。他通过媒体了解到我叔叔是一位权威肿瘤专家，就凑上了几十块钱风尘仆仆地赶到福州。可是祸不单行，好不容易凑的钱在车站里就被人偷了。到我们家的时候，他满身都是灰尘，鞋子上全是泥巴。看到叔叔出来，他一下跪倒在地，抱着叔叔的脚说："潘医生，你一定要救我！我是一家的顶梁柱，如果我垮了，这一家就都垮了。"叔叔马上把他搀起来，迎他进家门。问完了来意，温和地宽慰他说："别担心，我会尽全力为你治病，你的生活困难我也会帮忙。"那天，叔叔认真地为他制定了整套治疗方案后，车站已经没有回盐城的车了，叔叔就把他送到一个旅社，为他办了住宿，又帮他买了隔天的火车票，还有一些点心……

叔叔经常为病人搬凳子、沏茶，这样的细节、这样的举动对我们是身教，教我们设身处地为病人着想。

潘敬新：处事以德，爱拼才会赢

叔叔教会我们的另一件事，就是敢拼。

记得我还是个住院医师时，碰到过一个急性白血病病人。他在我们科医护人员的细心调理后，身体状况逐步好转。但是好景不长，在他的凝血功能恢复过程中出现了高凝状态，导致颅内乙状静脉窦血栓形成，把脑脊液排出通道堵了，造成了非常严重的颅高压。诊断已经明确，但是该怎么治呢？比较缓和的办法都不行，我就提出给这个病人用溶栓。但是我们科的其他人听到后连连反对："潘医生，你的胆子太大了！他是一个白血病病人，病情还没有缓解，凝血功能严重紊乱，这时候敢给溶栓？"我们行业里的人都明白这样做的风险到底有多大。上级医生也不同意我的想法，他们说，如果我坚持要做，就要自己负责，因为溶栓可能导致大出血，病人会马上死亡。我明白他们的担忧，但是看到病人的病情不断恶化，过高的颅压让他的眼睛都凸出来了，瞳孔一大一小，还伴有呼吸困难。这时候我意识到病人已经脑疝形成，如果再不采取措施，这个病人的呼吸和心跳就会马上停止。

那天是星期天，上级医师一般不去病房，只有年轻医生留守。我就找了脑内科的同学，两人一合计：针对这个病人当时的病况，如果医生不拼，病人肯定死；拼，可能还有救的一线希望。于是我跟家属商量了一下，家属看到病人那么痛苦，也就抱着死马当作活马医的心态，答应了我的请求。当天我们就给他做了溶栓，效果非常好，第二天，病人所有的症状都消失了，颅高压解决了，后来白血病也缓解了。这件事给了我很大的鼓励，医生搏一搏，有时候真的能把病人给救回来。

其实我有这样一种拼劲，也是受了叔叔的影响，因为他无时无刻都不忘自己是一个医生，必须履行医生的职责。叔叔的听诊器从不离身。有一次在百货商店，他身边一个五十多岁的男同志打了一个嗝，吐出一口气。叔叔闻到了一股恶臭味，立刻告诉他："同志，你生病了，你的胃出口可能长了肿瘤。"在那个"谈癌色变"的年代，听了这样的话，怎么会心平气和地接受？那个男同志立刻吼道："搞什么鬼！你怎么说我长了肿瘤？！"他揪着叔叔大声质问，引来众人的围观。即便叔叔表明了身份，他还是情绪激动地喊："去你的，什么医生，你是在诅咒我！"

叔叔听罢，不气不恼，拿出了听诊器。那人愣住了，不再激动。叔叔问道："你最近是不是吃一点儿饭就感到胀？是不是经常呕吐？吐出来有酸的东西？"他不回答，叔叔继续说道，"你今天吐的是不是还有昨天吃下去的东西？"叔叔根据他的专业知识问了许多问题，病人感到他讲得还挺沾边，因为很多人看着，他觉得不好意思，一声不吭地跑了。

叔叔在病人离开前说出了自己在福州第一医院肿瘤科工作。病人回到家里就一直琢磨，这个医生是不是神仙？我什么都没说，他居然知道我所有的不舒服。人家说得有道理，我错怪他了。于是第二天早晨，他跑到叔叔的科室门口等，见到叔叔后再三道歉："潘医生，是我不对，我当时太激动了，是我误解了你。你真的是很神，我什么都没说，你就知道了我所有的症状。麻烦你帮我看看吧。"

叔叔回答："当然了，我告诉你就是让你尽快就医，为了你的健康着想。"一检查，果然在他的胃幽门部有个肿瘤，还好肿瘤向内长，不算晚期，所以术后效果非常好。后来，这个病人逢年过节都要给叔叔寄一张明信片，或者亲自来拜年，感激叔叔救了他的命。

这件事让我明白，医生必须要有海纳百川的胸怀，以及敢于说实话和冒险的勇气。病人可能会不理解，甚至憎恨医生，但是身为大夫，要能够在病人遇到危机的时候，不顾一切地抢救他们。

潘宏达：承袭家业，行医为信仰

我从小在医生家庭里长大，对叔公的医德耳濡目染。听婶婆说，叔公生病后精神和体力都不太好了，每天睡几个小时，醒了就看书，查资料，甚至还想给病人看病。在叔公生命的最后时刻，他有时清醒，有时糊涂，甚至会出现幻觉。有一次叔公用手指着笔，爸爸还以为他要写遗嘱交代后事。没想到，他想的是为一个病人开处方。生命垂危的时候，叔公依然心心念念想着病人。

爸爸工作一直很忙，但是他不计得失、尽力抢救病人的行为也让我感动，促使我走上学医道路。他身上的一点特别伟大——救治病人时从不优柔寡断，只是坚决去拼，与时间赛跑。医生其实承担着很大的风险：如果你不拼，病人不知道自己还有路可以走，也许他最后去世了，也没有人会怪你；如果你拼了，病人有可能过鬼门关，也有可能挺不过去，这时候医生的压力可想而知，但爸爸永远都沿着叔公和众位长辈的足迹，竭尽专业技能，为病人拼搏。

高考结束后，我提出想学医，爸爸语重心长地说："你可以学，但是我要提醒你，学医意味着一辈子都跟'轻松'二字无缘。"我明白，不轻松的除了学习专业知识，更有手握他人生命的精神压力。他和他的同事曾经因为一次抢救被病人家属误解，受到了严重的打击，但是他接着又对我说："当你把病人救回来的那一刻，你所获得的成就感和满足感可能是其他职业都没法给你的。"

很快地，我就对爸爸说的话有了切身体会。我的工作地点始于急诊外科，那里总是在上演人情冷暖和惊心动魄。一天凌晨，一位九十四岁的老太太来就医，经过诊断，她患上了凶险的急性化脓梗阻性胆管炎。我跟家属解释了情况，要求老人立刻住院做手术，可他们非常不解，还说老太太十年前得过胆囊炎，保守治疗就挺过来了。我再次陈述利害，还帮忙开了住院证，可家属依然在犹豫。这时，我二话没说，亲自推老太太进病房，过了一会儿就安排了手术。进手术室之前，她的家属又反悔了，还怀疑我这个年轻医生忽悠他们。我虽然生气，但还是跟他们晓之以理，动之以情，分析了老太太的各种情况，终于说服了他们。老太太得到了及时的手术治疗，一个星期后康复，老太太的孩子们都来到医院，当面致谢，感激我当时的决断和耐心劝导。

这件事深深地影响了我，被误解的酸楚自不必说，但是我理解了医生职业的神圣感和使命感——病人以性命相托，而我们是他们唯一信赖和依靠的对象。我想起叔公和爸爸一直以来的敬业与奉献精神，他们不仅是我的榜样，更坚定了我的行医信仰：要对得起病人，对得起自己。

潘敬新：大爱无疆，无愧"大先生"

叔叔总是告诉我们，人生必须拼搏，还要记着奉献社会。他是潘家义诊的先行者。1958年叔叔结婚，过年带着新娘回乡。到家刚放下行李，还来不及分喜糖，从外面就匆匆忙忙抬进来一个大汗淋漓、四肢冰冷、动弹不得、口中呻吟不断的病人。大家喊道："明继，明继，你回来了，赶快给他看一下！"叔叔马上诊断，是严重的急性阑尾炎并发腹膜炎。学西医的叔叔立刻开方子，请人到附近的诊所买药。学护理的婶婶就给他挂上药。乡亲们纷纷感叹，省城来的医生确实水平一流。第二天，他的病情明显好转。消息在乡里传开了，很多人上门找叔叔看病，他一天就看了三四百号人。就这样，蜜月变成了一场行医诊脉活动。心地善良的婶婶没有任何抱怨，她目睹了家乡缺医少药的状况，听着乡亲们喊着"省城里难得来了大先生"，主动说道："既然家乡这么缺医，我们以后每年回来为乡亲们服务，你看怎么样？"叔叔是一个爱家乡、有孝心的人，他总是说，父老乡亲们供我上学，现在我成了有用之才，就必须回馈他们。新娘这样说正中他的下怀，叔叔当即决定，每年春节都回来给乡亲们看病，定下了大年初二回家义诊的规矩。

我们家从叔叔开始几乎世代行医，因此我们被亲切地称为"潘家军"。1983年我大学刚毕业就参加了义诊，当时有五六个医生；等到我儿子加入的时候，队伍里已经有三十多人了。我们的心一直没变，不过装备和技术随着时代的发展在慢慢革新。在一些老照片里，我看到叔叔一个人坐在中间，外面几百号人把他围得水泄不通。

中午的饭点到了，没法给他送吃的，只能"击鼓传饭"。随着"潘家军"慢慢壮大，内科、外科、妇产科医生都有了，于是我第一次参加义诊时就想了个新点子——做分诊。先让还是学生的潘家第三代观察病人，给他们量血压、问病史、写病历，帮他们分配到相应的主力医生那儿，这样既提高了我们的效率，又方便了病人。病人的生活水平提高了，对生命质量的要求也越来越高，我们就在诊室的大厅给病人发放健康宣教资料，大屏幕里还播放影片，教他们一些延年益寿的正确生活方式。此外，我们的义诊地区也在扩大，今年我跟哥哥嫂嫂就去了宁夏义诊，取得了很好的社会反响。

　　义诊早已是我们家族共同的事业，不从医的家人也踊跃地加入义诊队伍。他们自发组织了"后援团"，穿着红马甲，专门引导病人，维持秩序。大家都因为一样的心思凝聚在一起，发扬光大我们的潘家义诊，也是对叔叔和前辈们的怀念。在我们家族中，医德和家风早已融为一体。叔叔婶婶创立的家训是"待人以诚，处事以德"——不管是自己做人，还是对待病人，我们都要心怀仁德，懂得奉献。这句话将会代代相传，正如我们的义诊，还会有第四代、第五代医生传承下去。

"你怎么让病人到外面去等呢？"

潘敬新：叔叔，非常感谢您把我带入了医学行业，悉心培养我，使我能够从事我热衷的医疗事业。您当年说的"你怎么让病人到外面去等呢？"和愤怒我记忆犹新。您和婶婶定下了三十二字"明英家训"："待人以诚，处事以德；作业以精，求索以勤；奉献为本，服务为尚；礼仪为尊，和谐为贵。"这些话给了我无穷无尽的精神力量。我可以非常自豪地告慰叔叔，您开创的春节回家义诊，整个家族都在自觉地传承，还会发扬光大。

潘宏达：亲爱的小得意，你很快就要来到这个世界。我们的大家庭里出了三十四名白衣天使，持续义诊六十年。他们用一生的坚持和奉献来守护人们的健康。你的太叔公用"待人以诚，处事以德"的信念建立了我们整个大家庭的家风。未来，不论你是和爸爸一样当医生，还是选择其他行业，我都希望你能够把我们家庭的善良和真诚传递下去。

谢谢了，我的家！

医者仁心。扁鹊、华佗、张仲景、孙思邈、李时珍……中国历史上代代良医、大医,无不把仁心仁德视为医家命门,也正因此,良医、大医在国人心目中享有崇高地位,近王近佛。宋代政治家范仲淹曾说:"不为良相,则为良医。"

唐代大医孙思邈在《千金要方》中论大医之道说:

> 凡大医治病,必当安神定志,无欲无求,先发大慈恻隐之心,誓愿普救含灵之苦。若有疾厄来求救者,不得问其贵贱贫富,长幼妍媸,怨亲善友,华夷愚智,普同一等,皆如至亲之想。亦不得瞻前顾后,自虑吉凶,护惜身命,见彼苦恼,若己有之,深心凄怆,勿避险巇,昼夜、寒暑、饥渴、疲劳,一心赴救,无作功夫形迹之心。如此可为苍生大医。反此则是含灵巨贼。

医家华岫云为清代良医叶天士的《临证指南医案》作序时道:

> 故良医处世,不矜名,不计利,此其立德也;挽回造化,立起沉疴,此其立功也。阐发蕴奥,聿著方书,此其立言也。一艺而三善咸备,医道之有关于世,岂不重且大耶!

义诊六十年的潘家无疑继承了大医的"大慈恻隐之心",践行了良医的"一艺三善"。家族中三十多人,六十年,妙手仁心救人无数,并且把医德和家风融为一体,定下了潘家家训:"待人以诚,处事以德;作业以精,求索以勤;奉献为本,服务为尚;礼仪为尊,和谐为贵",可谓利济苍生的当代仁医家族。

诗书传家的足球解说员 詹 俊

体育赛事评述员，尤其擅长解说英超、欧冠等足球比赛和网球比赛。他被称为『英超解说第一人』，获得『无詹俊，不英超』的赞誉。

詹俊出生于一个典型的书香门第。祖父詹安泰是古典诗词研究家、文学史家、书法艺术家，与夏承焘合称为"南詹北夏，一代词宗"，还发掘并举荐了二十岁的饶宗颐，助其成长为一代国学大师。大伯詹伯慧是语言文学家，父亲詹仲昌是通音律的工程师。詹俊在父亲严格的督促和温暖的目光下，理解并实践着"读书人"的品格。

谆谆教诲，殷殷目光注视

我爸爸是书香之后，他认为，要成为读书人，前提是把书念好。爸爸一直督促我学习，每年寒暑假过半，我已经把功课做完了，正准备好好享受假期，爸爸却总提醒我要收心，准备新学期的功课。因为他非常担心我把过多的精力分散到体育运动上。我喜欢好几种运动，比如排球、羽毛球，不过，足球对我有最大的吸引力。我们大院里有一块水泥场，只要小伙伴们一叫，我就会立刻冲出去。为了让我专心，在小学四五年级时，爸爸让我学习书法，跟妈妈学校里的一个潮汕老乡练习。爷爷是一位书法家，爸爸倒不是要我一定走爷爷的路，只是希望我能静心。可是，当时的我整天都想着踢球，对我来说，最大的考验莫过于每到下午黄金时间，小伙伴们的召唤声声入耳，我却要写满五张报纸大字，那感觉可谓五爪挠心。好不容易写完，终于可以出去玩了，但是天已经黑了，大家早都散了。

在爸爸看来，我未必要像爷爷和大伯那样做老师，只要以钻研精神认真地对待自己从事的职业，那就达到了读书人的标准。读书人应该"君子动口不动手"，但是爸爸对我非常严厉。其实，他有自己的良苦用心。初中时，我上的学校是一个省重点，中考没发挥好，高中就降到了市重点，在父母看来，这就为将来考大学的安全系数打上了问号。所以，我才上高一他就忧心忡忡。高一上学期的期末我还是没考好，爸妈找我谈心，那是他们最后一次跟我晓之以理，动之以情。爸爸苦口婆心地劝我，不能这样浑浑噩噩，我们詹家是读书人，我至少先要考上好大学。那一次谈话真的触动了我，是让我开窍的契机。我从小到大，父母一直操心，真的挺不容易的。于是，从高一下学期开始，我发奋努力。以前，他们都得监督着我复习备考；从那以后，他们开始劝我不要学得那么晚，注意休息。

那个时候，我希望提升学习效率，于是每天放学以后，我就去中山图书馆的自修室学习，一直到晚上九点图书馆闭馆，我再回家吃晚饭。有一天自修室里密密麻麻全是人，我在温习功课，偶然抬头，看到窗外有一个熟悉的身影，探头探脑地好像在找人。我一眼认出了那是我的爸爸，他怎么来这儿了？后来我明白了，他马上要去荷兰工作了，需要眼见为实，亲眼看到这个淘气的儿子真的每天都在图书馆里温习功课才能放心。

我知道他想找到我，但是说不清为什么，我不敢和他对视，反而把头埋得更低了，反正我坐在靠窗的位置，应该也不太难找。我继续做功课，过了一会儿，装作不经意地抬头瞄一眼，发现他已经转身，快步离开，背影消失在黑暗中。看着他离去时轻快的脚步，我知道他看到我了，也真的安心了。我现在想象他的内心，也许就在那一刻，他终于把悬着的心彻底放下了，他相信这个小孩会向着读书人的目标坚定地走下去。

读书精神，赢得幸运眷顾

我是那么一个贪玩的小孩，爱足球，爱网球，可家里的要求是要我成为读书人。怎样把这两者结合在一起呢？我很幸运能够成为解说员，将读书人和爱运动结合得很好。

大学毕业以后，我跟着王泰兴老师在广东电视台体育部实习。当时，他们缺少懂外语的人，我正好是学德语的，于是在一个月的实习期里，我主要做国际体育新闻翻译。看上去略显枯燥的新闻翻译，我却做得非常开心。我的外语不错，更重要的是，我懂足球，喜欢足球，翻译起来也颇有成就感。

当时的体育部主任不仅要求我做翻译，还要我做足球和网球节目的编辑，甚至有时候要我做摄像师，让我在各个工种都得到了锻炼。1997 年赛季的英超比赛一般由王泰兴老师搭档一个广东队的教练做直播。12 月 28 日那天，本来要直播的教练突然有事不能来，王老师不想一个人上台，于是就把我拉去当他的搭档。我慌张地连声说："王老师，我从没说过球啊。"结果他不紧不慢地问："你是球迷吧？""是，我是球迷。""那就行了，你就从一个球迷的角度，把你知道的、看到的，还有你们球迷想知道的东西说出来。"我牢牢地记住了这句话，在直播中一下就找到了感觉。从此，我就从解说嘉宾开始，慢慢走上了解说员的道路。所以，我算是半路出家，在一个月黑风高的夜晚，硬生生被王老师拉上演播台，到现在已经说了二十一年。

作为解说员，我明白自己的劣势：普通话没那么标准，专业知识积累也不够。但是，我也有自己的优势：嗓音辨识度高，声音有特点；更重要的是，我是个喜欢做功课的解说员。比如每个赛季的英超比赛，每场球赛前，我都要在纸上写下尽可能多的资料：球队过往的交锋战绩，首发阵容的排列，等等。很多人早已开始用电脑记录，但我还是习惯一场球写满一张纸。我觉得，亲手写一遍有助于加深记忆，以便在解说中更关注现场画面，给观众传递更丰富的信息。另外，对从小练书法的我来说，写字的过程算是一种传承。去年，我三叔在奶奶的旧居里收拾东西，在柜子里发现了几幅字，那是我刚练字时写给奶奶看的，没想到她保留了下来。我和奶奶感情很深，我知道她一直在关心我，她也希望我能够成为一个读书人。即使当时我写得不好，她还是很欣慰，因为詹家的孙子能够继承衣钵了。

练习书法还有一个重要意义，就是磨炼了我的恒心和毅力。我们经常要半夜起来干活，冬天的北京都是零下四五度，很多时候甚至是零下十几度，我迎着凛冽的寒风出门上班，独自坐在演播室里，只为为数不多的铁杆球迷充满激情地解说一场比赛。多亏了练字的经历，我能耐得住寂寞，现在依然对工作饱含热情，乐在其中。解说工作是无止境的挑战，我对自己的表现从来没有满意过，每一场比赛过后一定要总结，同时告诉自己：你还要继续努力，就跟读书一样，学海无涯。我们解说员没有休息日，每天都在做功课，哪怕看电影，看连续剧，看一本书，从中吸收和储备的知识都有可能在某一次直播里用到。

足球和网球比赛里，镜头经常会切换到看台上的人物，某些特写会持续三四十秒，甚至一分钟，这时候就需要解说员读懂导演的镜头语言，再临场发挥。我举个例子。网球四大满贯赛之一的温布尔登网球锦标赛，历史最悠久，吸引着世界各领域的名人前来，他们很容易成为摄像机捕捉的焦点。嘉宾们不仅来自体育界，还有演艺界、时尚界和政界。美国著名时尚杂志《Vogue》主编安娜·温图尔是罗杰·费德勒的铁杆粉丝，她经常在费德勒的包厢里出现。直播的时候，有一个镜头给到她，时间还比较长，我就想起自己看过的电影《穿普拉达的女魔头》，那是以安娜·温图尔的故事作为蓝本拍摄的。当时我跟搭档说："你看，穿普拉达的'恶魔'都来现场了。"搭档接了我的话，于是我就开始解释电影跟安娜·温图尔的关系，重要的是，这么一个"女魔头"来到现场，其实就是来为费德勒加油的。观众听起来便会觉得很有意思，看过电影的人会更有共鸣。所以，解说工作确实挺难的。哪里有那么多的脱口而出，哪里有那么多的出口成章！细致的功课，读书人的心态，都是成为真正专业解说员的必要条件。

温情细节，父爱宽容如山

我解说了二十一年，但是我爸爸从没有听过，因为1993年他就离开我们了。这是我最大的遗憾。

我爸爸也是个足球迷，每年5月我都在准备期末考试，但是在这个时候会进行英国足总杯，这是世界范围内历史最悠久的淘汰制杯赛，无论是豪门球队，还是草根球队，都要在九十分钟内一较高下，结果的不确定性让这项比赛别具魅力。每到决赛的周末，爸爸总在开球的时候把我从房间里拉出来，让我看看球，放松一下。世界杯比赛期间，电视台会播一些足球名宿的纪录片，哪怕不是周末，爸爸都会让我看，还跟我分享他的观点。一般来说，孩子都是仰望着父母的，只有足球能让爸爸、妈妈、妹妹和我聚在一起，抹平我们一家四口辈分上的差异。足球还是联系我和爸爸的特殊纽带。他去荷兰，给我寄的明信片都是跟球队有关的，在国外他还一直记得这个儿子跟他一样喜欢足球。

爸爸是个全才，除了足球，他还懂音乐，油画也画得很好。我很少看到他的工作状态，但在家里我常看到他认真做菜。平时是爸爸负责给我们炒菜做饭，到了周末还要负责给猫加菜，去市场买小鱼。每个星期天，院子里会有小贩推着自行车卖猪肠粉，温热的美味蒙在布里，引得我和妹妹争先恐后地跑去买。猪肠粉本身没什么味道，爸爸会爆个葱花酱油，浇在切成段的肠粉上，非常香。这道不起眼的肠粉是我们家记忆最深刻、最美味的一道菜，它的味道很简单，那是父亲的味道，家的味道。

"我们詹家是读书人"

从小，爸爸就不断提醒我一句话："小俊，你要记住，我们詹家是读书人。"正是这句话，让我走向了今天的成功。我越来越理解，读书人不只是一个行为，一种工作，而是一种精神，就是认真严谨，积极进取。

我想把寄语献给在天堂的爸爸，还有在荷兰的妈妈和妹妹：从小到大，我一直不是个很听话的小孩，要谢谢爸爸和妈妈，你们不断地提醒我，要记住我们詹家是读书人。终于，我也成了你们想要我成为的读书人。每一场球，每一场功课，我都以一个读书人的心态用心去做，像爸爸对待工作一样，认真钻研。所以，才有了现在的我：一个比较受球迷喜爱的体育解说员。

谢谢了，我的家！

"不学《诗》无以言，不学礼无以立。"这是《论语》对孔子教子"家训"的记载，可以说，这也是中国所有读书人的家训。

詹俊生于书香世家。祖父詹安泰被誉为"岭南词宗"，他潜心学问，为人真诚，不但桃李满天下，还将伏案读书的传统在自己家中传承。在诗书传家的家风的影响下，詹俊一家人都成为名副其实的读书人，在文学、语言、音律方面拥有扎实的根基。

　　一个偶然的机会，詹俊成了英超解说员，但秉持读书人的家风，他把足球解说当作读书，用读书人的心态去解说，在解说中发挥自己的文学修养。于是，书香、文学、激情、乐趣，使詹俊的足球解说形成了自成一家的詹氏风格。詹俊就是用这样的方式，传承和诠释了詹家的读书人精神。

时代肖像记录者　肖　全

一众名人曾出现在他的镜头前，因为他被称为『中国最好的人像摄影师』，『拍谁就是谁一生中最好的照片』。

肖全的父母对儿子一直抱有主动理解的态度，体谅儿子的心思，支持儿子的选择，在潜移默化中教会儿子将心比心、设身处地、善解人意。而这些品质，正是成就一名金牌摄影师的关键。

父母理解我

我的父母给了我太多的成长启发，他们只要观察到我们几个儿女的心思和兴趣，就会尽力满足。

我小时候兴趣广泛，喜欢画画、踢球，也很早和摄影结缘。当时妈妈带着四个孩子从成都坐火车到武汉待了半年。舅舅经常带着一台相机，在长江大桥附近给我们拍照。虽然以前去过照相馆，但是对我而言，一家人合影才是真正意义上的拍照。舅舅一按快门，"咔嚓"一声，我们一家就像被施了魔法，装进了同一片天地。太神奇了！表哥还带我去了暗室，让我看到显影液下慢慢显影的照片。从此，神奇的摄影艺术在我心中扎下了根。

有一年，我要在学校演样板戏《智取威虎山》。本来我要演杨子荣，后来换了角色，我演猎户。我唱得很卖力，吃完晚饭就在厨房里大声地唱。我现在还记得唱词，"早也盼晚也盼"。妈妈听到了，听懂了我非常喜欢戏。她什么都没问，直接买了一把胡琴给我。这把胡琴陪了我很多年，后来被我带到了部队。

长大后，妈妈对我的理解还在延续。一次同学来家里玩，我们一起谈梦想。我告诉他们，我就想当兵。后来的某一天，我正在家里做作业，妈妈突然跑进来告诉我："肖全，现在在招兵！"虽然我们之间没有直接沟通过，但是她知道我崇拜电影和京剧里的英雄人物，她就这样默默地支持我。要是没有她的消息，我很可能错过那次报名。

多亏妈妈，我到了北京的良乡，当上了海军航空兵，而这份职业也为我的摄影生涯打开了第一道门。

我当兵六年，其中四年都在天上飞。天空给了我一个特殊的视角。有一次从东北去山西出任务，路过北京。我们飞在八千米高空，看到的北京城没有现在那么大，它被燕山山脉围着，好像一刮风就会消失。平时我喜欢走路去中国美术馆看展览，觉得北京城好大好远，但在高空看北京完全是另一种感受。我就有了一种宏观的心理格局，有了多维度看世界的观念。我曾经在一天之中，分别从武汉市的上空、长江岸上和市区三个角度看长江，感受完全不同，我对长江的理解就完全不一样了。我后来为什么会花十年时间去完成一个项目的拍摄？就是因为我建立了一种所谓的客观心理格局。

这时我觉得自己必须得有一台相机，可我只是个普通战士，攒的津贴根本买不起相机，只好非常正式地给爸爸写了一封信，提出了买相机的请求。爸爸知道我在部队的表现不错，也愿意帮我完成梦想，于是一纸汇款单寄来一百八十元，那基本上是爸爸两个月的工资。我到现在还记得那张绿色的单子。我拿着它，心里又欣喜又愧疚，感觉沉甸甸的。我花了一百六十九元买了我人生的第一台相机。当时我自己也不知道摄影会成为我的职业选择，爸爸妈妈更不会知道我会将摄影当作职业，他们只是无条件地理解我，支持我。

理解一代人

父母的理解和包容不仅让我走上了摄影师的道路，更重要的是，他们让我学会了倾听他人，这是人像摄影师最重要的品质。

人与人之间的距离有时很遥远。当素昧平生的人来到我面前，我会营造轻松的环境，跟他们聊天。在这个过程中，我们相互感受到彼此的真诚，紧张的情绪就会慢慢放下。拍照是我们从陌生到相识、通过沟通达到理解的过程。

当我还是个摄影爱好者时，有个朋友送了我一本杂志，上面有美国诗人埃兹拉·庞德的照片。我看着他头戴礼帽，穿着长衫，挂着拐杖走在小路上，照片下方配着一行字："一切都是那么艰难，那么徒劳，我不想工作了，理解来得太迟了。"那一刻我的心里产生了巨大的震动，我看着照片，理解到一种知识分子的孤独与无奈，同时也萌生了为我们中国的文学家和艺术家拍这样照片的念头，让他们的灵魂被更多人看到和理解。

我很快就碰到了一个契机。当时我在成都，机缘巧合下为很多艺术家拍了照，他们对我一点儿都没有戒备。1990年9月，作家三毛来到成都。第一天在酒店见到她，我就觉得这个穿着白衬衣、盘着头发的女人太特别了。她看了我的作品，说："你给他们拍得这么好，你得拍我，不要把金属感的东西拍进去，我不喜欢。"第二天我把一组照片拿给她，没想到她说："肖全，你的技术是一流的，但这不是三毛。"我感到疑惑，到底是哪里出了问题呢？这时她换了一身乞丐服出来，头发散着，还告诉我她姐姐总不让她穿这一身。当时我也不知道怎么的，莫名其妙地对她发誓，我一定可以拍出好照片。

我们约好了当天下午见。回家后我立刻拿出了之前买的《撒哈拉的故事》，一边吃面一边看。我觉得她的文字里仿佛有电影镜头捕捉的画面感，实在太棒了。下午我们在河边见面，我问她关于荷西的事。她告诉我，这几年她已经把眼泪流干了。聊着聊着，我们走到了柳荫街。当时阳光不太猛，小孩儿在一旁做作业，老太太们有的坐着打牌，有的绣花鞋和小脚布鞋，簸箕里面晒着辣椒，真是一派典型的成都风光。三毛看到这些巷子，一直说，要把这些东西保留下来就好了。她看到一把竹椅子扣在门上，就干净利落地把鞋一扔，光着脚坐在地上。我半蹲着为她拍照。狭窄的胡同里很多人路过，没有人嫌弃，只是安静地看。

回去的路上三毛对我说："肖全，你能不能辛苦一下，晚上加个班把照片洗出来？"第二天我如约把照片给她，对她说："三毛，我太喜欢这张照片了，构图，人物的情绪，还有影调，我都觉得很完整。"三毛的视线丝毫没有离开那张照片，她对我讲："肖全，这可不是'完整'，这是'完美无价'！你知道吗？我二十几岁就一个人背着包，梳着短发，满世界漂泊。多少年过去了，我还是一个人。这是一个多么倔强的女人！"她还跟我约定，第二年夏天再见面，去一个凉快的地方，我拍照片，她写字。

没想到事与愿违。1991 年 1 月 4 日早上，我得到了三毛去世的消息。后来，我把三毛的照片全部做出来，出了一本小册子《天堂之鸟》，那是我有生以来的第一本摄影集。若干年以后，我在北京碰到三毛的弟弟。他对我说："肖全，你是我姐姐的恩人，我姐姐一生中最好的照片是你拍的。"他还说，我和三毛的合影被她贴在自家的小木屋里，旁边放着三毛和爱人荷西的照片。

我和三毛原本是陌生人，但因为摄影师和被拍摄者之间的互相沟通和理解，我们之间有了一种奇妙的感应。她曾对我说："肖全，在拍摄过程中咱俩很少说话，全凭一种感应，咱俩是通的。"我在空荡荡的暗室红灯下想起这句话，觉得她就在身边，于是开始哼唱她的《橄榄树》："不要问我从哪里来，我的故乡在远方，为什么流浪？流浪远方，流浪。"那一刻我挺想她的，虽然交往短暂，但我们是能够相互理解的朋友。

我拍过诗人食指，一边跟他喝酒，一边听他读诗。我录下了他的朗诵，经常在展览中放给参观者听，特别希望逆境中的人从中获得力量。

我陪残雪和王安忆买过菜，陪巩俐在上海搬过家，还有姜文、窦唯、杨丽萍、崔健、张艺谋、史铁生，等等。我跟他们做朋友，他们也把我当朋友。我用相机记录下了这一代艺术家的青春和理想。

2012 年，我和演员周迅、导演杜家毅一起为联合国做了个公益项目——《2032：我们期望的未来》。我的拍摄对象很多是北京的普通人，他们虽然看起来微不足道，却是时代特别重要的一员，是时代的肖像。我记录下他们，感受到每个人的神韵，希望观众通过他们理解这个时代。

理解我家人

我的家人并没有看过我的很多照片。我记得有一位记者去家里采访我，他对我爸爸说："你有个了不起的儿子！他是摄影家。"我爸爸这才知道，摄影早已不单单是我的爱好，而是我的事业了。

　　1975 年我十六岁，第一次独立完成了一幅肖像摄影作品，拍的是我奶奶。她不识字，我给了她一份画报，再给她拍照，她很享受那一刹那。2006 年我在上海做展览，展出了很多美丽女性的照片。一位参观者告诉我，她最喜欢的是我奶奶那张，特别干净、朴素。我的朋友也说，接下来我的所有作品都没有超越那一张的。我相信，家人之间的情感是最纯粹的，我也希望通过镜头永远记录下他们的声音和相貌。

　　2009 年，爸妈的身体很不好，于是我推掉了几乎所有工作，专心陪伴他们。我们兄妹四个和爸爸会在天气稍微好一点的时候，陪得了脑血栓的妈妈散步。我背着照相机给他们拍照。我拍的照片，就是我理解的父母的样子。后来他们不在了，我用两张照片表达了对他们的理解。

我镜头里的妈妈一直在笑，她就是如此善良，特别容易跟别人亲近。她是个厂长，不仅对儿女，对同事，对下属，哪怕是对小混混，都很有一套。她的关心，她的严格，让大家都很服她。我经常看到妈妈跟同事们一起下班，一边骑车一边聊天。她去菜场买菜，跟什么人都能说说笑笑唠家常。其实在聊天的过程中，人心就走得很近。妈妈是个善解人意的人，她的笑容总是很有感染力。我现在享受的与人打交道的快乐以及理解人的愿望，就是从妈妈那儿继承的。

同一天，我也给爸爸拍了照片。我理解的老爸，就是一生堂堂正正。他去世后，他以前的部下到我家来，讲述了爸爸如何帮助他们的故事。我这才知道，爸爸曾经默默地付出，关爱别人。老爸的腰板特别挺拔，虽然对我们严厉，但是关爱丝毫不少。我记得小时候和他最亲近的一次。那是一个晚上，我们在武汉长江大桥，爸爸背着我在江堤上走，我趴在他背上，虽然没有怎么说话，但是那天的温暖，直到今天我仿佛还能感受到。

有一天出门，我照例亲了亲妈妈，转身要走，突然意识到爸爸还在客厅里。我又把门打开，抱着我爸亲了亲，这是我们父子之间唯一的亲密互动。幸亏在他还可以说话和感受的时候，我亲了他，拥抱了他，这让我非常满足。爸爸在生病期间过了八十岁生日。有一刻我们两人独处，我对他说："老爸，不要怕。我们养过蚕，它长大后吐丝建了一个房子，睡了一觉，咬了一个洞，飞出去了，那是一个崭新的生命。"爸爸用力地看着我，回答说："谢谢你！"那不是儿子与爸爸的对话，而是两个男人之间最真诚的鼓励。

一年之后，爸妈去世了，他们的遗像用的就是我拍的那两张彩色照片，是我对他们人生的理解。虽然只是爸妈平时的一个瞬间，显得很普通，但是我认为，恰恰是普通的场景才特别珍贵，特别有力量。我们家的兄弟姐妹看到照片后，都经常情不自禁地说，爸妈好像还活着，因为那是我们心目当中爸爸妈妈的模样，是他们真实人生状态的定格。我愿意让这彩色的瞬间永远留在我们家孩子的记忆中。

"我们应该多去理解、多去沟通"

我妈妈有一句话特别普通，却总让我记忆犹新。小学一年级的时候，有一天下课了，一颗乒乓球不知怎么滚到我的脚边。我觉得很新鲜，就捡起来揣在兜里。其实当时我就是觉得好玩。我家在经济上还是比较富裕的。回家之后，我把这件事告诉了妈妈。妈妈没有打我，也没有骂我。她了解我的性格，硬碰硬不一定能说服我。妈妈说："你要是喜欢什么，就跟妈妈说，家里会给你买。"这样简单的一句话，让我瞬间泪流满面。在那之后，妈妈的承诺总是说到做到。

爸爸也是这样。我后来喜欢踢球，爸爸就给我买了一个皮球。我喜欢画画，他们就给我买了画板。我在部队的时候画黑板画特好。我弟弟喜欢小提琴，爸妈就给他买了一把。我爸妈常常对我说："我们应该多去理解、多去沟通。"他们正是这样做的，我也深受影响。

我想对爸爸妈妈说：我知道你们过得很好，我也知道你们会担心我，其实我也很好。就像爸爸说的："去做你喜欢的事情。"我这几年不断拍照片，做展览，这就是我的所爱。妈妈对我的培养，让我知道理解的重要性，让我在生活和工作中都非常受用。无论我走到哪里，都会交到真诚的朋友，不管什么样的人，都很接纳我，喜欢我；很多陌生人来照相馆，我通过沟通和理解，真正地尊重对方，从而完成好的肖像作品。这一切都是你们给我的品质，是我生命中最宝贵的东西。

爸爸妈妈，我曾经对你们说过，我给未来的孩子起名叫"肖像"，无论是男孩还是女孩。我希望我的孩子像我一样，理解大家，理解家庭。

爸爸妈妈，你们是这个世界上最理解我的人，给了我很多的温暖和支持，现在依然陪着我。

谢谢了，我的家！

肖全能成为中国最好的人像摄影师，首先是父母的包容与理解，呵护了他对摄影的兴趣。兴趣是人最好的老师，是艺术追求的"核动力"，让肖全在影像艺术之路上保持充足的燃料。其次，机缘巧合当了海军航空兵，为他的摄影生涯打开了大门。而更重要的是肖全对同代人的热爱和同情，他想用手中的相机为每一位被访者留下灵魂的画面，定格被访者喜怒哀乐的同时，也是在定格一个个真实的灵魂。

这份对人类的热爱、对人性的关怀、对灵魂的关注，来自肖全父母一直以来无言却最坚定的支持，使肖全的摄影超乎技而近乎道。因此，他的照片能够超越个人，具有普遍的社会意义，并成为一个时代的浓缩烙印。通过相机与时代同呼吸共命运的摄影家肖全，承继的是自古以来艺术家对小我的超越，对人道的追寻，以及对生命的悲悯。

童心传家者　宋菲君

中国科学院教授，博士生导师，大恒新纪元科技股份有限公司副总裁兼总工程师。

宋菲君的外公丰子恺是中国现代漫画家、散文家、美术教育家、音乐教育家、翻译家。郁达夫说，"他散文里的特点"是"对于小孩子的爱"。

我心里被四件事所占据：天上神明与星辰，人间艺术与儿童

快乐教育

我外公是个艺术家，他 1954 年买了一幢小楼，其中二楼有个阳台，从那里可以看日升月落，因此外公给小楼取名"日月楼"。外公经常在阳台上走来走去，端着一壶茶，吟着他喜欢的诗句。小时候我每个礼拜六去外公家，他教我二三十首诗。第二个礼拜我背出来，他再教新诗，一面讲一面画。

我印象非常深刻的是，他讲到《长恨歌》时，给我们画一个女子跪在地上，两个士兵拿着刀枪，"宛转蛾眉马前死"，这就是杀杨贵妃的场景。他还讲了散文《长恨歌传》。

还有一个例子。杜甫写了《咏怀古迹》："群山万壑赴荆门，生长明妃尚有村。一去紫台连朔漠，独留青冢向黄昏。画图省识春风面，环珮空归夜月魂。千载琵琶作胡语，分明怨恨曲中论。"为什么我记得那么清楚呢？外公发问，为什么不说"千山万壑"而说"群山万壑"？因为一个一个山头，多像王昭君的朋友亲戚在送别。

他一面讲"环珮空归夜月魂",一面画了一个女子,身上戴着首饰挂着铃铛,我仿佛看见她在夜里一路铃铛作响走来。这些画和诗就留在我的记忆中了。

还有一个例子。外公讲辛弃疾写的《贺新郎·别茂嘉十二弟》:"易水萧萧西风冷,满座衣冠似雪。"他说后人对这个事有不同的看法,说完了以后拿粉笔在小黑板上写了四句诗:"勇死寻常事,轻仇不足论。翻嫌易水上,细碎动离魂。"他写字漂亮极了,又潇洒又流畅,像照片印在我脑海里。我回过头来寻了全诗,那是八句诗中的后四句。

我们家的文学气息很浓,经常用诗做游戏,有点像飞花令。我的大舅先到屋外,我们在屋里想一句诗,比如《水浒传》里的"九里山前作战场",舅舅回屋后即兴地问我一个问题,我的回答当中必须把第一个字"九"说出来。再接着这样和第二个孩子问答,到第三个孩子的时候,大舅就想出了答案。经过这个游戏,这首诗我怎么也忘不掉。

1956年我上初二的时候,有一天外公吟诗:"咫尺愁风雨,匡庐不可登。只疑云雾窟,犹有六朝僧。"然后他马上买车票,第三天全家就在庐山了。

我高一的时候,他吟苏曼殊的一首词:"春雨楼头尺八箫,何时归看浙江潮?芒鞋破钵无人识,踏过樱花第几桥!"然后他就问清楚,阴历八月十八有浙江大潮,他马上对我说:"你跟学校请假,咱们一块看大潮。"校方不大愿意,换了别人肯定不行,碍于外公的面子才准假,我们就去看大潮了。他一面看潮,一面跟我们讲诗:"嫁得瞿塘贾,朝朝误妾期。早知潮有信,嫁与弄潮儿。"他在情景中教诗，这首诗我就永远记住了。

我们还玩过"览胜图"，跟飞行棋一样。词客（就是诗人），道士，剑侠（就是侠客），缁衣（就是和尚），美人（就是女孩子）。掷骰子走到哪一步，那里就有一个说辞。比方说，剑侠走到"易水"的时候，"易水萧萧西风冷"，每个人给你三个钱。还有一个尾生桥，那个故事很有名。有一个年轻人叫尾生，跟女孩子相约在桥下见面。可是女孩子没到的时候涨水了，他守约不上桥，就抱着柱子淹死了。这个故事就是讲特别守信用。李白曾经说过："常存抱柱信，岂上望夫台。"如果你此刻先走到尾生桥而美人还没有到，你必须等美人过了才能过。词客走到滕王阁就拿钱，因为唐朝王勃写了著名的《滕王阁序》。总之，每一道关都暗含历史典故或者文学知识，我舅舅和姨就给我们讲故事或者诗。我们六个人玩，外公在旁边看，无论谁赢谁输，他都高兴地走来走去，还买很多东西给大家吃。现在人们把这种方式叫作快乐教育。

大树教育

外公曾经讲，孩子的发展像一棵树，孩子怎么长有一定的道理。他特别反对像剪平冬青树那样，也就是不赞成大一统的、特别规范的教育，因为孩子有多样性，这个孩子适于做什么、那个孩子适于做什么，是不一样的。他表面上从来不管孩子，实际上在细心体察孩子爱做什么、适合做什么。你如果有爱好，他就给你搭一个平台，而且创造很好的条件。

我是他的大外孙，我的爱好又比较多，所以我的故事比较多。

外公跟梅兰芳大师关系非常好，曾经两次拜访他。后来小姨逃学去演《游龙戏凤》，外公不阻拦，任凭小姨唱戏。没有人拉胡琴，小姨就给我买了一把胡琴，让我给她伴奏。我因为耳闻目染也喜欢了，就开始学拉胡琴。到稍微拉得可以的时候，我就觉得必须找专业的人教。有一个著名的琴师赵喇嘛，他愿意收我做徒弟，但前提是必须辍学。我不太甘心为了拉胡琴放弃念书，因为我念书念得很好。我外公也不主张辍学，就请梅先生的琴师倪秋平先生教了我大半年。后来我考上北京大学物理系，倪先生说："你考上北京大学可了不得，你听我话，把胡琴撂下，等你大学毕业后，我把梅派胡琴都传授给你。"倪先生让我大学毕业以后再跟他学。可是后来他不在北京了，这事就搁下了。不过，拉胡琴一直是我的爱好，现在我还经常在北京大学京剧团里拉胡琴。

我在外公那儿经常画画，这个对于我来说比拉胡琴还要理所当然。初二的时候我给外公写了一封信，说我想跟着他学美术。外公马上回信表示同意。从此，他除了教我诗词还教美术，从速写开始，一直到我高二的时候学到素描。最后，我既没有拉胡琴，也没有画画，因为有第三个插曲。我从中学开始喜欢天文。北半球三千颗肉眼可见的恒星，英文叫什么星座、中文叫什么星宿，我差不多都记住了。一到暑假我就开始画星空图。高一的时候我开始学光学，知道了开普勒望远镜。我看明白了以后，就找几个同学一起买几块放大镜，组装了一个简陋的望远镜，用它看到了木星的伽利略卫星，看到了土星的光环，看到了月亮上的环星，还看到了内行星的盈亏……现在一想，当时我做的望远镜真的太简陋了，可对那个时候来讲那是不得了的。同学们晚上不念书了，下课后赶紧做完作业就到我家看望远镜。我有什么高兴的事都会马上告诉外公，就把这件事也告诉了他。他蛮有兴趣，一面听，一面摸着胡子，一面喝酒。第二天，一张画画出来，还配了诗："自制望远镜，天空望火星，仔细看清楚，他年去旅行。"他根本没有见过我的望远镜，只是听我讲，但他画出来的跟我的望远镜几乎一模一样。这幅画发表在1960年的一期《新民晚报》上。

高三下半学期的时候，我的苦恼来了——文理分科，必须决定上文科班还是理科班。我又喜欢文学，又喜欢画画，又喜欢天文。考北京大学中文系、上海美术学院，还是中央美术学院？还是做什么别的？我苦恼了很多天，实在难以决断，就去问外公。他拿了一壶茶，在日月楼上一边走来走去一边说："这个大家庭，学文学、外语、音乐的都有，数理化像你这么好的就你一个，你又喜欢天文，我看你不如去学物理、学天文。"关键的时候他这句话非常重要，决定了我的一生。外公是一位艺术大师，他何尝不愿意自己的孩子走美术这条路，他可以亲自教，为什么让我弃文从理？外公这么讲："我的孩子走什么样的路我是不管的，由他们自己发展。"

还有一个重要的事情。就在我做望远镜那一年，他写了一个条幅，是陶渊明的诗："盛年不重来，一日难再晨。及时当勉励，岁月不待人。"这句话跟了我一辈子，我很爱惜时间。坐飞机去美国，大家都看电视、睡觉，我在看书、看论文。

"我心里被四件事所占据：天上神明与星辰，人间艺术与儿童"

我外公特别喜欢孩子，他觉得孩子最天真、最无邪，有很多想法、很多动作，孩子说的很多话值得细细琢磨，他在写文章和作画的过程中对孩子的感情越来越深。同时，他非常用功，非常认真，工作效率非常高。他说过："我心里被四件事所占据：天上神明与星辰，人间艺术与儿童。"

一直到十八岁考上北京大学物理系，我才离开慈祥的外公。他经常带我旅游、游戏，在这个家庭里成长我感到非常幸福、非常幸运。

我想对我的外孙紫涵、兜兜说：姥姥姥爷想你们了。紫涵是不是如愿以偿，设计出了一把独一无二的小提琴？兜兜是不是像姥爷小时候所想象的那样，驾驶宇宙飞船遨游太空？2018 年是你们的祖爷爷丰子恺先生一百二十周年诞辰，2049 年是伟大的祖国一百年华诞。你们生活在一个富强、民主、文明、和谐、美丽的社会里，为了这个目标中国人民奋斗了几代。几十年前，你们的祖爷爷送给了姥爷一个条幅："盛年不重来，一日难再晨。及时当勉励，岁月不待人。"这是祖爷爷送给姥爷最珍贵的礼物，现在姥爷把这个礼物再转赠给你们。有空的时候回来看看你们的爸爸妈妈、姥姥姥爷。

我还想对外公说：外公，您已经离开我们很久很久了，我怎么觉得您还在我们的身边，您还在日月楼上，拿着一壶茶来回在走，一面吟诵您喜欢的一首诗："谁解乘舟寻范蠡，五湖烟水独忘机。"外公，这些事就恍如昨日，又如同隔世。您已经离开我们太久太久了，您离开我们太远太远了。外公，您有空的时候回来看看我们，您什么时间回来我去接您。外公，我们都非常想您。

我还想和大家做一个游戏。我出七个句子："霜叶红于二月花"，"旧时王谢堂前燕"，"云想衣裳花想容"，"飞流直下三千尺"，"春风桃李花开日"，"满山红叶女郎樵"，"同是天涯沦落人"。大家从每一句里找出一个字，最后拼出一句七言诗。当堂完成最好。

谢谢了，我的家！

宋菲君是现代文化名人丰子恺的长外孙。丰子恺师从李叔同（弘一大师）、夏丏尊，是一位在绘画、散文、音乐等多方面卓有成就的文艺大师。他的许多文学作品和绘画作品关注儿童世界，风格简洁明快、朴素自然、随意洒脱，洋溢着活泼泼的童心童趣和温润深情的护生思想。

童心也即赤子之心，是中国文人追求的一种人格境界和文学境界。明代末期思想家李贽作《童心说》，认为童心即"一念之本心"，文人保持童心，其文学作品才能去伪存真，真情流露，臻于化境。

宋菲君从小在外公教导下，耳濡目染，继承了一颗宝贵的童心，堪称童心传家者。丰子恺对子孙的童蒙教导，是引起兴趣和快乐的教学。例如在学习诗词时，注重诗中有画，画中有诗；平时用文学做游戏，在情景中教诗词，在诗词里描述情景。他还时不时带着孩子们出去旅行，开阔视野，并根据孩子们的兴趣爱好创建高端平台，提供更好的条件。正是这种家庭教育，把宋菲君培养成了人格修养和文学素养兼备的物理学人才，使他始终保持一颗赤子之心，用诗意的眼睛看生活，对艺术充满好奇，对人类充满童心。

祖父的研究者　徐善曾

耶鲁大学工程学博士。

徐善曾的祖父徐志摩是中国著名现代诗人、散文家。1919年徐志摩在哥伦比亚大学经济系学习期间，关注政治、劳工、文明等问题，并于次年写下毕业论文《论中国妇女的地位》，积极评价中国妇女。1921年至1922年在英国期间，徐志摩广泛接触各种思想流派，形成了他的政治观念和社会理想——理想主义，于是走向了"不可教训的个人主义者"的道路，在作品中表达他"心灵革命的怒潮"。

嘿，他是你的亲戚吗？

相识不相见

作为一个来自上海的移民家庭的孩子，我在纽约皇后区一所不大的房子里长大。我们刚到美国的时候家庭生活是比较拮据的，或者说捉襟见肘。我姐姐们穿的衣服都是妈妈亲手做的，我小时候送过报纸。尽管生活比较艰难，但是我的父亲和母亲还是希望我们把精力花在努力学习上，做一个勤奋的人，所以我的家人在学术上都有所建树。

我家房子的餐厅里挂着一幅 20 世纪 20 年代装裱好的爷爷的照片。我曾经无数次从它面前走过，每次都感到困惑。照片上的他，穿着普通的丝质立领夹克，戴着圆眼镜。而我每天穿 T 恤和牛仔裤。有时，我会在照片前驻足，想象镜框里的他和我聊天。家人和朋友都以"徐志摩孙子"的身份介绍我，而我对他知之甚少。我特别好奇祖父到底是一个怎样的人。

1964 年的一天，我在密歇根大学上学，一位同学递给我一张传

129

单，上面写着，加州大学伯克利分校的东方语言系教授白芝要做一个演讲。白芝是美国著名的汉学家，翻译了中国明代的几部著名戏剧，而且是第一个翻译了《牡丹亭》的美国人。他演讲的题目是关于徐志摩和英国著名诗人托马斯·哈代的关系。那个同学看到我和徐志摩的姓一样，都是"HSU"，就问我："嘿，他是你的亲戚吗？"我们捧腹大笑，他本来是想开个玩笑，没想到我真的跟徐志摩有关系。我当时意识到，我眼中的祖父不仅是家里照片中的祖父。随后，我去纽约图书馆寻找徐志摩的书，但是没有。

终于有一天，我开始"寻找"他，为了他我游走了三个大陆，这些经历都让我印象深刻。我跟大家分享三个故事。

第一个故事是我在日本的一段经历。一位日本教授带我去了一家博物馆，在那里我看到了一段两三秒钟的视频，关于1940年徐志摩和泰戈尔以及日本人的交往，当时徐志摩在给泰戈尔开门。那段视频给我的印象十分深刻，因为那是我第一次看到祖父的身影。

第二个故事发生在印度。2012年，我去到加尔各答北边的一所大学。有意思的是，那里有很多人在学中文，而且很可能是受到我祖父的影响。徐志摩在中印文化交流中发挥过积极的作用。

第三个故事来自一位法国教授。他带我们去济南，那是徐志摩所乘飞机失事的地方。我在祖父出事的地点看到了两块墓碑，我在墓碑前想象了当年的一切。

2014年以来，剑桥每年都举办纪念徐志摩的活动，包括诗歌节、各种艺术节等。对于我来说，剑桥一直是一个特殊的地方。每次回到剑桥，我都能感受到剑桥的深厚底蕴以及这背后的深远含义。

在"寻找"祖父的过程中我发现，中国人对他是那么钦佩，那么崇敬。虽然我不能说汉语，但是我觉得，如果没有这一段经历，我不可能对祖父生活的那段历史有如此详细的了解。正是通过这样一个历程，我对中国文化、中国的价值观、中国社会的方方面面有了更加深入的了解。

浪漫梦想家

通过对祖父的"寻找"，通过与众多学者的交往，包括这次我又来到北京，我觉得我离祖父越来越"近"了，我也越来越理解他复杂的一面。通过他在文学作品中的表达，通过了解他诗意的、孩童般的信仰，我觉得祖父是一个充满理想主义色彩的人。

我想跟大家分享一个看彩虹的故事。1921年，徐志摩就读于国王学院。有一天，突然下起了倾盆大雨。徐志摩匆忙地敲同学的宿舍门，焦急而兴奋地说："嘿，跟我一起去看彩虹吧。"他的同学简直不敢相信，一边表示自己不会去，一边请徐志摩进屋躲雨，擦干身上的雨水。徐志摩扭头径直跑了。多年以后，林徽因好奇地问徐志摩这个故事是真是假，问他当年有没有看到彩虹。徐志摩特别坚定地告诉林徽因，当然看见了。这就是诗，这就是完全诗意的信仰。这种近乎痴狂的追求告诉我，徐志摩不仅是理想主义者，而且他完全相信命运，怀着信心、怀着充满诗意的信仰相信自己的未来，相信自己的决定。

他的理想主义也体现在他的爱情观上。他因为相信自由恋爱，而不接受媒妁之言。正如他曾经在诗中描写的一样："我将在茫茫人海中寻访我唯一之灵魂伴侣。得之，我幸；不得，我命。"他特别期望在中国建立一个乌托邦社会。这些都证明他是一个充满理想主义色彩的人。

我觉得我继承了祖父对于爱情的信念，只不过我是一个幸运儿，我能够自己选择结婚对象，而不是被包办婚姻所束缚。我和我的妻子也很浪漫，我们约会了四次就订婚了。这也许是遗传了祖父，也许是命中注定。我的妻子是我生命中特别重要的人。非常遗憾，我的祖父没有那样的幸运。

非常有意思的是，我的女儿也和我一起"寻找"徐志摩。1920年祖父还是一个学生的时候，他的毕业论文是关于中国女性的地位的。九十多年后，受他的影响，我的女儿文慈如出一辙，在毕业论文中研究 21 世纪第一个十年中中国城市女性的社会地位。我女儿在和我一起寻找徐志摩足迹的过程中发现，当年中国女性曾经面临的问题今天或多或少仍存在，所以她写了这样的论文。我的女儿从事和电影相关的职业，她关注三个方面——女性、女性的家庭关系、女性的社会地位。她的梦想就是几年以后做一部关于徐志摩的专题片。

"嘿，他是你的亲戚吗？"

徐志摩是诗人、知识分子。我的父亲是工程师，我也是学理工的。我们截然不同。但是，如果再有人问我："嘿，他是你的亲戚吗？"我希望我可以更多地介绍他。徐志摩被中国人熟知，随着我越来越理解中国人对徐志摩的崇拜和景仰，我就想给大家介绍一些他鲜为人知的故事。我也试图让更多的外国人了解徐志摩。因此，我用英文写了一本关于祖父的书。既然越来越多的学者关注徐志摩，我也希望传播徐志摩的精神财富。

从某种意义上讲我是一个幸运的人，因为事业的成功和妻子的帮助，让我有能力去为一些大学捐资助学，让我有能力帮助更多需要帮助的人。这样的传统其实一直在我们家沿袭着。我的曾祖父一辈，我的祖父，我的姐姐们，一直到我们，都在做慈善项目。我觉得，帮助他人在某种意义上讲也是一种理想主义的体现。我们全家对公益项目的投入，要从曾祖父那里说起。我祖父通过文学来表达对贫困人群的关注，我的姐姐在中国的学校设立了基金会，我和我的妻子做了很多公益项目。我希望我的女儿也投身公益，帮助更多的人。

虽然祖父在我出生前十五年就去世了，他却一直在感召我。如今想来，是他的一生让我懂得了人生的意义。在"寻找"祖父的过程中，我眼中的祖父远远超过任何书本里的诠释。每一次，重新走过祖父的足迹，我会更理解他的博大、他的世界观、他的痛苦和他的人生旅程。他的人生故事和他的卓越追求，将成为我永远的明灯。

我想对女儿说：希望你听从自己的内心，要勇于抉择；希望你忠于自己的梦想，为了梦想永不妥协。你要永远记住你的曾祖父，记住他的痛苦和他的理想。他的艰难抉择，他的不凡勇气，他的惊世才华，对于每一个阅读他的作品的读者，对于每一个了解他人生故事的朋友，都将成为永远的灯塔。

谢谢了，我的家！

"轻轻的我走了，/ 正如我轻轻的来。/ 我挥一挥衣袖，/ 不带走一片云彩。"中国现代著名诗人徐志摩的行走，是为了"在茫茫人海中寻找"。他终其一生，只为寻找自由、爱和美。

徐志摩的孙子徐善曾通过外国人知道自己的爷爷是一位伟大的诗人，通过爷爷的文字理解了爷爷超前的政治理想和社会理想。于是，他把自己的晚年献给徐志摩研究，致力于向中国人和外国人介绍一个真实的、全面的、生动的徐志摩，致力于消除人们对徐志摩的所有误解和不解，还原徐志摩的时代和内心。在研究中，他的心跨越时空，与祖父的心贴在了一起，无疑，他读懂并继承了祖父对自由、爱和美的追寻。同时，徐家数代支持慈善事业，本身也是对这份追寻的一种继承和践行。

芝兰生于深林，不以无人而不芳；
君子修道立德，不谓穷困而改节。

——《孔子家语》

兰之猗猗，扬扬其香。不采而佩，于兰何伤。

——唐·韩愈

兰章已成行，山中意味长；坚贞还自抱，何事斗群芳。

——清·郑板桥

兰花是中国十大传统名花之一。我国的兰花通常指的是"中国兰"，这一类兰花与花朵大、色彩艳的热带兰花大不相同，没有夺目的娇艳，没有硕大的花朵，但是具有淡雅质朴、幽静高洁的气质，符合东方人的审美标准，深受国人喜爱。

中国人历来把兰花看作品行高洁、举止典雅的君子的象征。文人墨客常以"兰章"喻诗文之美，以"兰交"喻友谊之纯，以"兰品"喻人品之洁，以"兰骨"喻风骨之清，而"空谷幽兰，无人不芳"更是一幅遗世独立、身心芳洁、意境深远的人格画面。谚语说"人为万物之灵，兰为百花之英"，可见在中国人心目中，兰有很高的地位。

中国传统家风家教文化非常推崇兰的君子品性。诸葛亮《诫子书》中说：

> 夫君子之行，静以修身，俭以养德。非澹泊无以明志，非宁静无以致远。夫学，须静也；才，须学也；非学无以广才，非志无以成学。慆慢则不能励精，险躁则不能冶性。年与时驰，意与日去，遂成枯落，多不接世，悲守穷庐，将复何及！

由这段话引申的"澹泊明志，宁静致远"，与"芝兰生于深林，不以无人而不芳"，同为古来君子修道立德的自勉名言。不为名利所动，不被喧嚣所扰，静默涵雅，静静盛开，兰的这种风姿操守，兰的这份心灵自足，既为文人墨客所欣赏，也与默默耕耘、无私奉献、甘于寂寞、精益求精、专注于涵养和绽放内在馨香的古代匠人精神有异曲同工之妙。

中国古代技术文明非常发达，其记载散见于《考工记》《氾胜之书》《齐民要术》《天工开物》等典籍。早在西周时期中国就已设立了"百工"

制度，春秋时期改为"勒名制"，工匠们必须在其作品上刻写自己的名字，作为对自己作品质量的担保。因此，中国工匠们自古以来就以作品质量为安身立命之本，将所有心血倾注于技艺，吃苦耐劳，兢兢业业，默默在作品上下功夫，形成了勤奋专注、精益求精的工匠精神。

人们常借用《诗经·卫风·淇奥》中的"如切如磋，如琢如磨"描绘精工细作、一丝不苟的工匠精神，用"如金如锡，如圭如璧"比喻经过切磋琢磨后的作品和人品。无论是技艺还是修养，都须经过专注锤炼、不断打磨，方可为有用，正所谓"玉不琢不成器"。宋代理学大家朱熹注《论语》时，便借工匠精神比喻君子的自我修养，对"如切如磋，如琢如磨"做出"言治骨角者，既切之而复磋之；治玉石者，既琢之而复磨之；治之已精，而益求其精也"的解读。成语"精益求精"便出自"治之已精，而益求其精也"。

先秦典籍《左传》记载有"六府三事"，"水、火、金、木、土、谷，谓之六府"，"正德、利用、厚生，谓之三事"。清初哲学家李塨在《瘳忘编》中提出，"六府"囊括了古代技术领域，"三事"阐述了中国工匠精神的至善境界在于德才兼备，利国惠民。

中国人对技艺和心性的修养，往往都以"近乎道"为最高境界，追求"止于至善"。古代工匠们将技艺和心性修炼到极致时，其境界可与圣贤比肩。《庄子·养生主》记载的庖丁解牛的故事，说的便是这个道理。庖丁为梁惠王宰牛，不但游刃有余，连宰牛的声音都符合音律，他以纯粹、专注、持守、精进将技艺修为锤炼到极致，从而达到了"技近乎道"的境界。

正是自古以来铸剑师欧冶子、木匠鼻祖鲁班、桥梁工匠李春、建筑匠师蒯祥、制玉大师陆子冈等一代代匠师对"技近乎道"的追求，创造出中国古代科技文明的辉煌，打造出"中国制造"的永世 范本。

如兰一般的默默坚守、精益求精、止于至善的精神，贯穿于兰系列的五个家风故事里：

海洋灯塔守护者叶超群家五代人，在百年孤独中，点亮生命的灯，照亮生命的船；

火箭固体燃料雕刻师徐立平，以父母的严谨认真、追求完美为榜样，在最危险的工作中兢兢业业，三十年零差错；

敦煌壁画修复师李晓洋家，祖孙三代，手把手传授技艺，口对口教导匠心，在大漠黄沙中维护属于全世界的灿烂文明——敦煌壁画；

故宫钟表修复师王津，家中四代人在故宫工作。在如钟表般精准的时间安排中，王津度过四十载春秋，修复近三百只古钟表，成功率百分之百；

四川卧龙大熊猫保护基地的熊猫驯养师牟长雨同父亲一样，在与动物的耳鬓厮磨中，感受到万物有灵的奥妙，从而将发自真心的爱倾注于大熊猫，视熊猫为亲人，赢得了"熊猫奶爸"的美誉。

这一代代纯粹匠心，如空谷幽兰，无人自芳；这一代代至善精神，如薪火相传，灼照中华。

愿中国馨香如兰！

灯塔守护人 叶超群

灯塔守护者。在中国一万八千公里的大陆海岸线上坐落着一百八十八座灯塔，其中的七里屿灯塔已经有一百五十三年的历史，那里就是叶超群的工作岗位。

从叶超群的曾曾祖父叶来荣开始，叶家五代人就坚守沿海灯塔，克服了生理极限与精神煎熬，失去了三位至亲之人的性命，为海上的行船照亮回家的路。2015年，叶超群的祖父叶中央一家荣登"中国好人榜"，叶中央获得"敬业奉献好人"称号。

只要叶家人在，灯塔就会亮着

不离不弃，生死守塔

从最早有灯塔开始，我们叶家就守在海边，一直对大海保有敬畏之心。第一代守塔人是我的曾曾祖父叶来荣，到我这儿已经是第五代了。别的小朋友是听着童话故事长大的，而我听得最多的是灯塔的故事。我以为灯塔上都应该是粗衣淡饭的生活，但爷爷跟我说，他曾见证了非常大的海难，也就是 1949 年的"太平轮事件"。

那年，爷爷才九岁，跟着曾曾祖父守在白节山灯塔上。他们吃年夜饭的时候，听到海上拉起了汽笛，而且笛音很不寻常，拉得很仓促，听起来好像出事了。但是大海上一片漆黑，他们虽然听到了哭声、求救声，可是因为离声音太远了，他们无能为力，只能远远看着。第二天早上，他们说从海边漂过来很多废弃物，像木板、箱子等，他们就知道碰到海难了。等到一周后，补给船带来了报纸，他们才知道出了"太平轮事件"。爷爷说过的一句话让我印象深刻："要是他们离白节山再近一点，我们一定能救起更多人。"

海上的惨案也真实地发生在我家里，我们家先后有三位亲人丧生大海。第一位是曾祖父。那时他和曾祖母一起在鱼腥脑守塔，一艘很小的补给船停靠在下面的码头上，船老大跟他的小孙子住在船上。一天晚上突然刮起了台风，小孙子跑来求救，曾祖父立刻冲了过去。天上下起倾盆大雨，海浪卷到了半山腰，曾祖父跟船老大被海浪甩到了海里，船老大拼命抱住了礁石，但曾祖父没那么幸运，再也没能上来。爷爷当时才五岁，远远地目睹了一切。他说："五岁前的事情我都不记得了，但是那一天我永远不会忘记。"那是爷爷童年的记忆起点，非常痛苦，让他刻骨铭心。

但是这样的悲剧一次又一次折磨着爷爷。1971 年春节，爷爷把回家的机会让给了同事，自己主动留在灯塔上过年。但他也希望和亲人团聚，于是写了一封信给奶奶。他收到了回信，奶奶说会带着女儿一起上岛与他团聚。结果等到了补给船，爷爷只见到船老大，没看到奶奶和我的小姑姑。船老大支支吾吾的，只说奶奶得了重病，让爷爷赶紧去看她。爷爷觉得纳闷，回信收到了，怎么人突然病倒了？爷爷立刻赶到了海岛上的医院，本该去病房，但是却被直接带到了太平间门口。爷爷的心一下子提了起来，有种不祥的预感。门开了，他看到一张大床，奶奶躺在一头，小姑姑躺在另外一头。平时如灯塔般刚强坚毅的男人，在推开门的一瞬间崩溃了，蹲在地上号啕大哭。悲剧已经发生，他追悔莫及。

奶奶去世的时候只有二十九岁，小姑姑五岁。原来，前一天刮起大风，她们坐的小船翻了，奶奶紧紧抱着小姑姑，两人不幸遇难。爷爷受到的打击太大，简直无法承受。当时领导问他要不要换个工作岗位，到岸上去，或许心情会好一些。但是爷爷做了出人意料的选择。他说，虽然从二十岁开始正式守塔，但五岁后基本就生活在灯塔上了，回家连柴米油盐在哪儿都不知道，只对灯塔上的一礁一石、一针一线特别熟悉。他提出换一处灯塔守，去白节山，看着那片海，就像看着远去的亲人。他希望把工作做得更好，不让这样的事故再次发生。

爷爷守了整整四十年灯塔，是我们五代人中守塔时间最长的。平时，只要有人需要帮忙，他一定伸出援手。一个冬天，一艘小船触礁了，晚上十二点多，值班的人听到狗叫声，立刻跑到码头，发现了两个浑身僵硬、瑟瑟发抖的渔民。大家把他们背上岛，在机房里为他们擦干身体，给他们食物和水。他们把爷爷看作救命恩人，后来一直和爷爷保持着书信往来。渔民和守塔人的关系就像家人一样，机器坏了，没有米了，有人病了，大家都会找守塔人帮忙。灯塔的亮光，不仅为过往的船只带来安全，更让周围的居民觉得踏实安心。

爷爷得过一块五一劳动奖章，还被评为全国劳动模范。不过，我记忆中的他是沉默寡言的。我每年只能见他一两次，他还总爱把自己锁在房间里抽烟，封闭了自己的心。我明白，奶奶和小女儿的去世对他而言是特别大的打击，我很理解他。我们祖孙二人虽然没有非常亲密的关系，但是我非常尊敬他，更敬佩他的坚持，我想成为像爷爷一样的人。

薪火相传，不畏清苦

我的第一份工作是在舟山油库里做安全保卫，收入挺不错。但是爷爷在连续三个月里，隔三岔五地给我打电话，劝我上岛守塔。我一开始不同意，因为从小就听说岛上的环境非常艰苦。夏天会干旱，从早上洗脸刷牙到晚上，都是用同一杯水，还是雨水。刮台风的时候经常断粮，补给船上不了岛，蔬菜吃一个星期就没了，大米、冬瓜还放得住，一个冬瓜吃一星期，吃完了只好喝酱油汤。我父亲在岛上守了十年，他也不太希望我再守塔。不过爷爷叫他一起来做我的思想工作，于是，爷爷和爸爸一块儿劝我。他们跟我说，岛上的条件已经好多了，有电视、空调、网络，什么都很方便。逐渐地，我明白了爷爷对灯塔的情怀，他放不下这片海、这座塔，希望把家里的接力棒交到我手上。我挣扎了很久，最后决定尊重老人的想法，上岛。可我还是跟爷爷打了预防针："我先试一试，不行就回来。"爷爷答应了。

本以为内向的性格可以让我在灯塔里待住，结果我差点儿被环境逼疯了。开始的一周，我还觉得新鲜，好像自己是来旅行的。因为我从小听灯塔的故事，对那儿充满好奇，上岛了就想到处看看，闲不住。一周之后，我既不想玩手机，也不想看电视，每天就坐在海边，发呆，看大海，或者绕着岛不停地走。我回去后跟爷爷和爸爸聊天，说想放弃，他们就说，你现在条件这么好还待不住，难道要轻易毁掉当初的承诺吗？我觉得他们说得对，是我自己做的选择，那就自行调整吧。在岛上找点事做，种种花，遛遛小猫小狗，看看书，把自己的心静下来。我花了两三个月时间，慢慢地习惯了这种生活。

岛上的工作其实挺清闲的，没有特别繁重的体力活。我每天要做的就是：早上七点把柴油机打开，提供生活用电，给灯塔续电，爬上灯塔查看是否正常，维护这些设备，维护灯塔，给往来船只提供安全保障。最难熬的，就是没有同龄人可以面对面沟通交流。我们的灯塔离大陆还算近，坐船大概四十分钟到，可是能聊天的人真的很少。爷爷常说，守塔人最大的敌人就是孤独。一开始我艰难地和它抗争，经过一段时间之后，我开始调整自己的心态，做点拿手菜给同事们吃，跟他们分享快乐，享受宁静的生活。

上岛后，我变得越来越坚强，越来越善于调节自己。不过最大的变化，在于对灯塔的理解。我在工作中已碰到了好几次意外，印象最深的就是 2015 年 8 月。一天下午四点左右，突然刮起大风，下起雨，雷声由远到近，听着特别恐怖。上岛时，主任跟我说的第一句话是："打雷时要躲在屋子里，千万不要出去。"但是那天很不幸，雷电直接打中了灯塔，主灯和备用灯都坏了。主任喊大家一起去塔上检查，但我特别害怕，根本不敢开门出去。窗子和房子都在晃，我生怕又一道闪电落下来，打到我们附近。最后我听到主任说，他在灯塔上守了二三十年，已经不是一两次见到这样的事情了。我相信老前辈的经验，终于鼓起勇气跑出门，冒雨冲到十六米高的灯塔上，连伞都没打。主任带着我们量电压，测试灯的情况，发现原来是一个电瓶被击穿了，于是我们就抢修，换上备用电瓶，将就一晚上。晚上六点多，我们终于点亮了灯。假如灯不亮，一个小时后就要发航海通告，附近海域所有的船都不能航行。如果这样，往小了说，经济损失不敢想象，往大了说，随时都有可能发生船只触礁等事故。

这就是我们守塔人的重要责任，既要勇敢战胜孤独寂寞，又要从容面对惊心动魄。从那一刻起，我明白了守塔的意义，还有我该有的担当。从听长辈们的守塔故事，到看着爷爷守塔，一直到我接棒，我终于把爷爷身上的奉献和坚毅的守塔精神当成了我未来的人生价值所在。

"只要叶家人在，灯塔就会亮着"

爷爷说过，如果一个人喜欢灯塔，那他只是来这儿旅游的；如果一个人对灯塔又爱又恨，那他就是真的爱上了灯塔。这话我特别有感触：一开始守塔，我有的是新鲜感，后面有了挣扎、犹豫，遇到了各种困难，当解决难题的时候，成就感油然而生，那就是真正爱上灯塔的时候。

爷爷马上就要过八十大寿了。我想先感谢他，谢谢爷爷带我入了这个行业，让我知道灯塔需要坚守，就像做人要有自己的信念。对航海人来说，灯塔是海洋的守护神。只要叶家人在，灯塔就会亮着，给路过的人希望和温暖。所以在我眼里，守塔是一份非常伟大的职业。祝爷爷健康长寿。

谢谢了，我的家！

中国的海岸线上星星点点分布着数量众多的岛屿，在四个海域中东海的岛屿数量最多，约占全国海岛总数的一半以上，仅浙江沿海就有三千多个。灯塔是海上行船的忠实路标，是出海人遇险时的唯一希望。在浙江海域，有一个叶姓人家，五代守灯塔。从叶超群爷爷的爷爷起，叶家就没有离开过灯塔。

五代人，三条命，简单的六个字，背后是一百多年的坚守、一百多年的信念。佛家说，救人一命胜造七级浮屠。叶家五代守塔人，付出了三条生命的巨大代价，承受着极端枯燥的孤岛生活，照亮了所有出海人生命的船、返航的路。

无论是孤独的生活还是危险的工作，都没有让叶家人从塔上走下来。他们的信念是给别人信念，他们的坚守是为了让别人坚信。他们恪守守塔人的信念——出海人生命至上；他们坚信：没有什么事情比点亮那盏灯更重要，没有什么工作比给人希望更有价值，没有什么事业比救护生命更伟大！

刀锋匠心　徐立平

从事固体火箭发动机燃料微整形工作。这项极度危险的工作是世界性难题，而他在炸药堆上一干就是三十年。

徐立平的父母都在航天部门工作，他们在工作和生活中一丝不苟、容不下半点马虎的态度，感染和影响了全家人。

胆大心细，迎难而上

我们被称为"航天火药雕刻师"，我们"雕刻"的火药是发动机的燃料。固体燃料的设计有一定形状和尺寸的要求，在这种形状和尺寸条件下，火箭才能在飞行时保持平稳。我们的工作就是要把火药"雕刻"成设计要求的形状和尺寸，来保证它工作过程中的平稳度。1985 年高中毕业后我去上了技校，毕业后在父母的建议下走上了这个岗位，他们希望我学到技术，认为这个岗位比较适合我内向的性格。他们当时知道有一定的危险，但觉得只要能够按照要求做，危险可以规避。我上班第一天，我的师傅就带我去看了一次点火实验。大概十几公斤的火药点着了以后，瞬间就"轰"的一声，腾起了非常大的蘑菇云。我在十米开外都能感觉到一股热浪扑面而来。当时我真的惊呆了，那一刻还是感到有一点点害怕，但是从没有想过因为有危险就不干这份工作。我既然选择了，就不会退缩。而且我师傅告诉我，只要我们按照规章制度去操作，多练习，练好手中的刀，技术熟练到一定程度，尽量减少危险的动作，应该是不会出问题的。我就不停地练习，也算是比较快地掌握了这项"整形"技术。

我们在操作过程中使用的刀具，如果不小心碰到钢制的壳体，或者是不小心摩擦力过大，或者是有静电，都可能产生火花，把推进剂——也就是固体火药点燃，它燃烧时的温度是两三千度，而且燃速非常快。一旦发生这种情况，人在现场基本上没有逃生的机会。我师傅给我演示的只是一小堆火药，而实际的产品是它的很多很多倍。我一直在说，我们的工作实际上需要的是四个字：胆大心细。我们面临的是一个非常危险的操作，面对的是危险物质，如果胆怯了、害怕了，在操作过程中就更容易出现动作变形，就更容易产生危险。所以，面对火药时一定要胆量大。火药的雕刻精度要求非常高，最大的误差不能超过零点五毫米，如果不细致，就容易产生超差，也可能会碰到不应该碰的地方，那就会产生危险。还有就是要心细，因为我们的操作是不可逆的，固体燃料是装好的，切下去了就补不回来。我们在工作中必须心细，每一刀都要达到合适的要求，才能保证产品的质量。这对人既有心理的要求，也有手上功夫的要求。我们有很多刀具，要掌握各种刀具的用法，包括动作。我们在操作的时候不可能总是以很舒服的姿势操作。为了保证产品质量，我们需要大量练习，来保证在任何姿势下操作都能控制好刀的走向。我们平常会拿一些模拟的药块练习，练到我们认为可以达到加工正式产品的时候，才能进行正式产品的操作。练习肯定是枯燥的，但是不管怎么枯燥，当产品加工出来，我们觉得真的跟艺术品一样时，心里还是比较自豪的。

我对徒弟要求很严，因为我们的岗位比较危险，在遵守安全操作要求方面我的要求非常严格。一般情况下我都比较严肃。当然，也有放松的时候，我们工作时承受的压力比较大，在业余时间还是要给大家释放压力的机会。徒弟一来，我就跟我师傅一样，让他先看点火实验，让他对我们这个岗位的危险性有深入骨髓的印象。如果真是吓住了，就不适合这个岗位。接下来，就必须养成良好的工作习惯。对安全底线的坚守，对工作质量的严格要求，都是我们在后面学习过程中要逐渐养成的。我想跟年轻人说，虽然我们的工作充满了危险，但是只要练好自己手中的刀，只要能够严格按照我们的安全流程操作，养成严谨细致的工作习惯，这样的危险都是可以规避的。

我在这个岗位已经三十年了，确实有感到累的时候，但是我真的没有想过退缩。这三十年里，我的很多同事已经调离了这个岗位，我现在是我们这个岗位上工龄最长的老师傅。我的同事中有因公受伤的，甚至有牺牲的，就发生在我的身边，但是我确实对这个岗位很有感情。我现在担任组长，组里有很多成员，作为组长我有责任安安全全地带领他们把工作干好，保证我们的人员和产品安全。我还会一如既往地干下去。我们干工作，不是让岗位适应你，而是要让自己适应岗位，在适应的过程中不断磨炼自己的技能，调整自己的心态，直到最后真的喜欢上这个岗位，这样才能走很久。

父母榜样，追求完美

从小父母就教育我们，干一个职业就应该坚持，而且要做就做到最好。我弟弟，我妹妹，都是这样一步一步干下来的，而且都在自己的岗位上干出了一定的成绩。

我父亲是一个非常严谨认真的人，他是个汽车驾驶员。我父亲当兵的时候开始开导弹车，从部队转业后到航天部门工作，一直干到退休。航天驾驶员运送的产品都是危险品，含有火药，一旦发生车祸、事故，后果是不堪设想的。所以，航天工作对汽车驾驶员的驾驶技术要求非常高。我父亲的驾驶技术非常好。有一次，运输车需要倒进工房里去装产品。车的宽度离工房的大门两边各有一拳头的间隙，当时要求一把倒进去，很多驾驶员都退缩了，因为没有把握。我父亲就上了，真的是一把倒车成功，现场一片掌声，给他特别高的称赞。后来"东方红一号"的远地点发动机需要去做振动实验，从内蒙古一直拉到北京。就是因为他的技术过硬，这么远的路，上级指定由我父亲来开车。当时的路可真不好走，但他照样安安全全地完成了任务。

我父亲有一个非常好的习惯，他每天出车不管多晚，回来后都要把自己的车检修一遍，这样第二天不管多早出车都能保证车的完好状态，他一直是这么坚持下来的。我记得，他有时候回来得很晚，甚至是冬天，他都是回来以后赶紧扒两口饭就出去检修了。在我们懂事以后，他的这种习惯对我们有一个潜移默化的作用，工作以后我也把这种习惯带到我的工作中。

一般车的小维修都是父亲自己来做，在我十几岁的时候，他就叫我去打下手。给我父亲打下手可真不容易，他要求特别严，给他递扳手怎么递，拆卸下来的物品怎么摆放，都是有要求的。维修完了以后，把物品再归回原位，从哪儿拿放回到哪儿去。我父亲的工具箱整整齐齐的，他的物品真的是归类摆放。他有几个工具箱，因为他修车工具很多，从哪个工具箱拿出来就怎么放回去，一直都是井井有条的。我父亲对车的保养还体现在车的洁净度上。我父亲的车从来都是非常干净的，而且是里外一致，打开引擎盖，里面也很干净。验车的时候，我父亲的车经常作为示范车给大家展示。我从十几岁就开始跟他维修车辆，有时候也跟他一块儿出车，他这种严谨认真的工作态度，确实对我影响比较大。我在工作中也要使用很多工具，我的习惯也是按照一定的要求去摆放，使用完后工具要及时归位。

　　我母亲也是航天人。她差一个月十九岁的时候就进入航天领域工作了。她后来从事统计核算工作。我母亲在工作中也非常仔细，她从来没有算错过账，她记的账本非常干净漂亮，非常整洁，曾经被我们单位作为范本展示。因为我父亲经常在外面，基本上小时候都是母亲照顾我们。我母亲在生活中要求也特别严。她一个人带我们三个孩子，把家收拾得特别整齐，我们家从来没有东西乱摆乱放。我父亲找不到东西都是问我母亲，我母亲马上就能说出来在哪里。包括现在，我母亲都七十一岁了，在厨房做完饭，她要坐在小板凳上拿着抹布一点点把地抹干净。

我父母这个大家庭有十一口人，除了三个孩子在上学，其他人都从事航天工作。我兄弟也是在一个危险岗位上。我们全家人隔一段时间就要聚会，其实是我父亲要定时看看大家是不是平平安安的，所以我们家聚会的时候，大家最开始是问安全不安全，有没有什么危险，聚会结束后出去等电梯的时候，父母还会再叮嘱我们工作中千万要注意，一定要安安全全的。这么多年一直是这样的。我们兄妹三个的名字的最后都是"平"字，实际上就是父母希望我们是平平安安的，这也是父母对我们的期盼或者是心愿吧。我们肯定也会这么去做，不让他们过多操心。我母亲在细节上对我们关心多一些，她观察的角度和出发点都是我们的安全。

我的家是非常平常的一个家庭，我爱人持家，她也有记账的习惯，从2004年开始记的。她记得很细，每天花了多少，想起来就都记下来，坚持了十几年。实际上就是形成了一个精细的习惯，有一个计划。我爱人记的这个账，对我孩子的影响比较大。我的孩子上高中以后就很有计划，有目标以后按计划实施。我估计很多航天人的大家庭都是这样的，按部就班，一步一步走。

"做就要做到最好"

我认为，干一件事情，就应该追求完美，做到最好，这是我们家风的传承。有一句话给我的印象最深，"做就要做到最好"，这是我父亲跟我们说的。

我想对我的儿子说：不管你选择什么样的工作岗位，我们都会无条件支持你。孩子是祖国的希望，是家庭的希望。我希望你在努力学习的时候，也要照顾好自己的身体，在工作以后也能够养成严谨细致的工作习惯，就像爷爷奶奶、爸爸妈妈一样，热爱自己的工作，做一个对社会有用的人，对家庭负责的人，对自己严格要求的人，对他人有帮助的人。

谢谢了，我的家！

在炸药堆里工作，整天和燃料打交道，一干就是三十年。每一次落刀，都能听见自己的心跳。徐立平从事的是世界上最危险的工作之一——固体火箭发动机燃料微整形工作，中国能胜任这一工种的不超过二十人，有人甚至因为误差而丧命。当发射升天的火箭呼啸着穿云而上，可有人知，支撑火箭穿云而上的燃料，即使在今天仍需要人工雕刻整形，所有国家都是如此。

火药是中国四大发明之一，一千多年前的中国人就为人类贡献了这项重大发明，它是人类文明史上的杰出成就，为人类社会的进步、科学和经济的发展起到了推动作用。时至今日，新的时代里，一代又一代科技人，励精图治，科技兴国。

徐立平秉持中华民族精益求精的工匠精神，三十年精雕细琢火箭燃料，经他之手雕刻出的火药药面误差不超过零点二毫米，他为此付出的代价是头发脱落，双腿粗细不一……正是以徐立平为代表的航天人的共同努力和默默奉献，才换来中国火箭发射技术的世界领先水平。

致敬中国航天的匠心！致敬中国航天的中国心！

敦煌的孩子　李晓洋

生在敦煌，看着敦煌壁画长大，在海外求学后回国，现为敦煌壁画修复师。

李晓洋的爷爷是中国著名的文物修复保护专家，已经年过八旬还坚持在一线。李晓洋的爸爸和叔叔也都在敦煌工作。正是在家人的召唤下，李晓洋从海外归来，成长为新一代的壁画修复师。李氏家族世代选择敦煌，在一雕一画间书写匠人的故事。

选择了，就要对得起

当年轻与古老相遇

爷爷是山东人。1958 年，他二十四岁，响应国家号召去新疆，路过了敦煌，没想到就在这儿待下了，一待就是六十多年。

爷爷第一次来到可以自由出入的莫高窟，看到了历经千年沉淀却被风沙严重破坏的壁画。他们同去的三个年轻人决定干点儿杂活锻炼自己。那时是冬天，能让他们选的三个工作是烧水、敲钟和扫沙。两名同伴觉得洞里黑乎乎的，怪吓人，只有爷爷选择了清扫工作。爷爷每天都去洞窟里，越看这些壁画以及和人一般大的塑像，越觉得亲切，好像亲人一样。同时，他总能见到保护敦煌的老先生们，比如常书鸿。先生们白天带着画板在洞窟里临摹，晚上还点着油灯去画画。几个朝气蓬勃的年轻人感觉这里的生活跟老家完全不一样，很受感染。爷爷本本分分，勤勤恳恳，大冬天的，扫沙扫到棉袄都汗湿了，甚至冻成冰了，还不休息，因为爷爷是要干就得干好的性格。三个月的实习期结束了，常书鸿院长找爷爷谈话："小李，你的工作态度不错，大家的评价也很好，不如留下来吧。"这句话改变了爷爷的一生，也改变了我们整个家族的命运。

爷爷留在了敦煌。他很好学，又跟老先生们学画画，又跟北京来的专家学雕塑。正好赶上国家对莫高窟越来越重视，请了一位捷克专家来教壁画保护。爷爷一听，又主动请缨去学。有一天捷克专家说，你们的条件太艰苦了，以前在我们国家还可以晒晒日光浴，吃点肉，喝点红酒，在这儿根本不可能。敦煌风沙大，又干旱，条件确实艰苦。后来，捷克专家就离开了。于是，爷爷接过了他的工作。他在两个多月里学到了一些工艺和技巧，又开始自己研发更实用的工具，比如我们现在使用的注渗器，那就是爷爷在六七十年代改进的。

当年偶然的机会让爷爷与敦煌结缘，选择留在这儿。正因为他的选择，我的爸爸、姑姑和叔叔，还有我的姐姐、弟弟和我，都在这片土地上出生和成长。敦煌是全人类的文化圣地，是中华民族的瑰宝，但是对我而言，它是我心心念念的家，是我的家人特别是爷爷选择奉献一生的地方。

永远是敦煌的孩子

我觉得，敦煌是一个很国际化的地方。无论是中国人还是外国人，一说起敦煌都充满了好奇。现在敦煌作为世界文化遗产，每天都限流参观。不过，我从小在那儿长大，莫高窟，月牙泉，都留下过我来回奔跑的足迹。到了冬天，爷爷亲手给我们做了冰车，我们就在荡泉河里滑冰。虽然孩子们经常在洞窟里玩捉迷藏，但是大家都遵守一个规矩：谁也不许碰壁画。家长不断地提醒孩子："你不能玩火，玩火会烫手；你不能碰壁画，会破坏它。"

　　敦煌不仅占据了我的童年记忆，也对我的专业选择产生了影响。小时候我在洞窟里什么都不懂，也不那么细致地观察壁画，只觉得上面出现的小人儿特别好看，看到的建筑物也是缩小的，很精美。我一直浸润在这种文化中，因此在国外上大学时选择了室内设计专业，喜欢小模型。我从高中就开始在国外上学，那时候老想快点回家；可是毕业前爸妈开始跟我灌输上完学就回家的观念，我又有点抵触，不想被他们安排未来。爸妈的态度坚定，不过爷爷一直没有发表意见。爷爷是与时俱进的人，虽然八十多了，还学着玩电脑，用智能手机看新闻，从不束缚我。妈妈很心细，她跟我的发小聊，让他劝我回家。于是，一个寒冷的冬夜，我和发小坐在车里，他对我说："你有自己的想法，可以选择你的生活。不过阿姨跟我说过很多次了，她平常不跟你说，尤其你在国外上学的时候，一跟你视频，她就容易哭。别人说谁的小孩在哪儿上大学，他们妈妈过去看望之类的，你妈妈就特别寒心，埋怨自己怎么把孩子送得这么远，自己去看都很麻烦。"家庭亲情一直对我有很大的影响，这番话更一下子击中了我。我不能太自私，我们一大家子从来就在一起，在我的生命中，家人不可或缺。就在那时，一次视频通话彻底改变了我的道路。那一次，我拼了一个想象中的房间，和爸爸妈妈视频聊天的时候，我特别自豪地向他们展示作品。我不经意地把手电筒放到模型的窗外，一束光照进房间，那种光感一下子把我拉回了童年时代的敦煌，我仿佛又看见那些精妙的塑像。于是我做了决定，回到家人身边，回到敦煌。

祖孙俩的平行人生

回国之后，我开始跟着爷爷修壁画，因为我从小长在这样的家庭氛围里，爷爷和叔叔都是壁画修复师，所以我的选择是自然而然的。有趣的是，爷爷二十几岁的时候开始修复壁画，现在的我正跟当年的他年纪相仿，只不过我的师傅就是爷爷。

爷爷平时特别慈祥，但是在工作中他一丝不苟，有时甚至会发脾气。我第一次见到爷爷发火就是在工作中。2011年3月，天气有点冷，正常的文物保护工作还没有开展，爷爷就召集大家做培训，讲解基础知识，包括练习一些实际操作。那是我第一次真正学习怎么和泥巴、补裂缝、翻石膏等。6月我们去了第一个现场，在甘谷大象山做佛的莲花瓣，需要用石膏做模具。爷爷想让我们练练。第一个人上去，爷爷一看不对，就问："你冬天参加培训班了，怎么不会和石膏？"再换一个，又不会，到第三个、第四个，一直到我，还是不会。爷爷发火了："你们年轻人干事不踏实。冬天刚教了和石膏，到这儿却不会，白教你们了！"我第一次见到如此生气的爷爷，甚至有点儿害怕。在家里他一直很和蔼，还会惯着我们，一到工作中就是两码事。

不过，我的害怕其实是一种敬畏，更多的还是尊重。在甘谷大象山，我们给大佛做脚，包括趾甲、趾头等，爷爷做一个，我们其他人一起做另一个。好几天后，爷爷看我们怎么做都不像，就说："来，你们把鞋和袜子脱了，看着自己的脚，足弓的部位在哪个地方收，大概比例是怎样的……我们塑的是菩萨和佛，但是这些塑像也保持人体的基本原理。"爷爷还告诉我们，他以前修塑像，都要先认识人体构造，起码得懂比例。他总是用形象和接地气的方式教我们。

爷爷对工作的态度，诠释了何为"对得起"。我还有一件印象深刻的事。当时我们在山东泰安做完项目，带着的两个瓷瓶却不小心被打碎了。当时我并没有把这件事放在心上。后来有一天进爷爷家，我突然发现一个瓷瓶放在客厅的电视下，那是爷爷粘好的，还有一个在爷爷书房里放着。爷爷回来后，就拿着这个碎瓶子教我修补瓷瓶，怎么找纹理关系，怎么分析画面。他特别入神，我们俩在书桌边待了将近三个小时，一直在拼花瓶。当时他已经八十多岁了，也不觉得累，一直在教我要怎么做，看不清楚时还拿个放大镜。终于拼完了，我感到了满满的骄傲，更感动于爷爷的专注。祖孙俩在工作中产生了独特的情感交流，对我而言也是新鲜的体验。

小时候跟爷爷修壁画，觉得真有意思，可是自己做的时候，完全不是一回事，和泥巴就学了将近一年，真是无趣又枯燥。所以一开始，我只把修壁画当工作去完成。直到一件事深深触动了我，让我转变了态度。有一天下午，我和爷爷从修复现场回来，找了个小平台，一米八的大个就坐了下来，我在一旁陪他。夕阳照着他的脸颊，我突然看到了他的白胡茬，心中涌起说不出的滋味。人都会慢慢衰老，爷爷这么用心教我，我是不是应该有自己的态度？

爷爷总是告诉我要写笔记，记东西。他自己的笔记有几十本，每一本都写得密密麻麻的，上面有项目结束后的重难点分析，操作中的注意事项，还会画示意图，记日记。碰到问题，爷爷就翻一翻笔记，做做修改。爷爷一直说，修复和工艺是没有巅峰的，看起来好像到顶了，其实没有。有一天，他给我布置了一个任务："洋子，能不能把我写的报告用电脑打出来？"在打字过程中，我意外发现了很多我在现场忽略的东西。这时我明白了，爷爷不只是让我帮忙，更是让我学习。有一天，他跟我说了实话："一开始你跟我学，我就想试你两年，两年足够看出你适不适合干这一行。如果不适合，还可以干其他的，不耽误。"慢慢地，爷爷觉得我做得比他想象的好一些。爷爷从不当面夸我，今年我和他分别在两个地方做项目，他为了确保质量两地跑，我就联系了朋友帮忙接他。后来朋友给我打电话说，爷爷夸了我，说我的工作态度转变挺大，从细节中就能看出。我听了很感动。爷爷用了几十年一直琢磨壁画修复，到今天还坚守在第一线。他是我的榜样，也促使我沉下心来，好好地做这一行。

我的最大改变，就是把工作当作事业，想像爷爷一样，一生都为它付出，有始有终。爷爷既有高超的技术，更有细腻的情感。我经常听他说："这个行业没有那么多人盯着，老师不能常常在背后看着。只有对文物怀着敬畏之心，你才能做一个合格的文物修复者。"爷爷不断灌输给我们的，除了工艺，更有保护理念。他说："医生看不好病，病人会抗议；但壁画和塑像不会说话。你们年轻人要呵护它们，既然做，就要做好，如果抱着混一天是一天的态度，那就不要动文物了，因为文物损失了就不可能再回来。"爷爷为壁画投入了六十多年的时光。人生能有多少个十年！他现在还坚持不懈，努力学习。我要像爷爷一样，对文物保持同样的尊重和专注，融入自己真挚的情感，花时间积累，成为合格的工匠。

"选择了，就要对得起"

当年，二十四岁的爷爷选择在敦煌停留，没想到一停就是六十多年；二十二岁的我看完外面的世界，也选择了回到敦煌。这也许是冥冥中的安排。莫高窟给了我很多儿时的记忆，以及价值观和人生观。所以，我回来了，做着跟爷爷同样的事，沉下心面对精美的壁画，不辜负家人的期待。

我想对爷爷、爸爸、叔叔说：很高兴我可以继续你们所从事的事业，向你们学习。我希望六十年后，在爷爷这个岁数，回望自己修过的壁画，我可以和爷爷一样露出欣慰的笑容。我不要求未来的名利，只希望像你们说的那样，踏踏实实地完成心愿，本本分分地做热爱之事。

谢谢了，我的家！

敦煌莫高窟是享誉世界的佛教艺术宝库。千年岁月，大漠黄沙，无数善男信女来到此地，无数工匠画师奉献毕生心血而不留名，李晓洋的爷爷李云鹤就是这些工匠画师在今天的精神传人。老人家年近九旬，还坚持在一线做敦煌壁画的修复工作，以虔敬而纯粹的匠心，修复着那些被岁月风霜剥蚀的艺术瑰宝。李云鹤对敦煌的眷恋，对敦煌壁画的痴迷，对敦煌壁画修复的执着，都无声地传给了他的儿子、孙子……

中国历史上各行各业的匠人，以其甘于寂寞的守候，以其对艺术的高度专注、纯粹热爱和精进追求，谱写了一个又一个令人动容的匠心故事。如赵州桥的设计者李春，与李晓洋家同为李姓匠人，他设计的赵州桥经历了一千四百多年的风风雨雨，至今依然矗立于河北赵县的洨河之上。

我以我手画我心。李晓洋家祖孙三代，用代代相传的匠心守护着敦煌。这份百年延续的因缘，这种百年传承的精神，让李晓洋和他的家人，以及所有维护这份中华遗产的人，聚拢为一个更大的家族——敦煌之家。他们都是敦煌的孩子，用一生的时间回报敦煌，奉献自己全部的爱。

时间守护者　王津

　　故宫钟表修复师，工作四十多年间修复两三百件古钟表，成功率达百分之百。他是网友眼中的『故宫男神』，2017年12月28日入选第五批国家级非物质文化遗产代表性项目代表性传承人推荐名单。

王津的爷爷在故宫图书馆工作，王津在故宫工作，但是专业是修复古代钟表。他的儿子继承了古代钟表修复这一职业，但是不在故宫，而在颐和园。

甭管干什么，要静下来

静心静态

我爷爷在故宫图书馆工作，那份工作要求人非常细致。那时候没有电脑，几十万册图书在什么位置，都要静下心记下来。我和爷爷开始生活在一起的时候，我十三岁，他七十岁，年龄差距非常大。爷爷不是特别爱说话的人，所以我们的日常生活特别安静。我下了学就回家，写写作业，那会儿既没有电视，也没有网络，都是非常静态的。

我的师傅马师傅是非常认真敬业的人，几乎不说话。他身体不太好，但是从来没有因此迟到或早退过。1982 年底、1983 年初，我师傅去广州市博物馆修了六件古代钟表，那是 50 年代从故宫拨出去的，为了做展览要修复。当时运输条件很差，而且只有火车，如果运到北京修，修好了再运回广州，不知道路上会出什么事。师傅就去广州修，这样对文物有保障。当时环境很艰苦，广州的冬天很冷，没有暖气。他就在五楼展厅拉一个布帘，一边是工作区，一边是睡觉区。

我师傅平常说话少，但是心里有谱。他每天来得很早，七点半左右就到，我们还没到，师傅先在屋里转一圈，对我们的工作就有谱了。师傅很少表扬人，修完每一件以后，我们拿到师傅面前，上了弦，看看走得准不准。行了，就搬到修好的台子上，再分配另外一件活。这就是认可了。我和师傅在一起十五年，这时间比和家人在一起的时间更长。师傅没有批评过我，而我尽量把事情做得更好。师傅的默认就是表扬，干好了一件再给你一件更复杂的，如果干得不好，就给一件一样的，或者技术含量更低的，不给你复杂的活、更精细的活干。时不时增加一点难度，我觉得这就是认可你的修复技术了。

我听别的同事说过，师傅跟他的同龄人说对我很满意，说这个

小孩干活挺踏实，手也挺巧。但是他从来没有当面跟我说过。我们之间的情感交流很少，几乎没有，说不出口的感觉。有时候师傅身体不好，我帮着去医院拿点药，家里有些活帮他干，比如帮他家盖了一个厨房。

我爷爷很安静，我师傅也很安静，我就养成了安静的习惯。

我们工作室人不多。从师傅那一代到我们这一代，就是从1992年到2004年，只有三个人。到2010年就剩徒弟和我两个人。2017年招了三个人，现在一共有五个人。我们搬到了新的文物医院，房子更宽敞了，更静了。从我们工作室窗下经过，听不到有人说话。

这份工作的性质决定了一定要静下来。急急忙忙的、浮躁的心态，修不好钟表。检查钟表问题要非常细心，心太慌就不会检查那么细。干的时间长了有时候会有情绪。硬毛病好修，软毛病特别难修，也烦。师傅说，干烦的时候，找不到软毛病的时候，就出去转转，当观众似的去看看展览。回来以后静下来再找，越急越容易出娄子。

到了工作室，进入工作状态以后，家里的事自然而然就忘了。我小孩8月25日出生，我当时在做钟表展览，一上台就只关注钟表，只想着不能出问题。后来来了消息，生了。

故宫的文物修复已经有上百年，从明末到现在，钟表在故宫没有断过。20世纪50年代我们就成立了文物保护部门。一些钟表残破了，不再动了，修好之后，上面的小鸡、小鸟都在动。

《我在故宫修文物》播出以后，受到广大年轻人的喜欢，我觉得可能是因为大家过去不了解这些，没有想到有人在保护文物。故宫有一些讲座，主要讲古文物，尤其是古钟表的修复，年轻人对这个比较感兴趣。最近有一些大学的学生会邀请我去讲课，走近大一、大二的学生，我觉得非常热闹。我原以为退休老人或者在家里看电视的人会更关注这个节目，没想到十六到二十二岁的观众那么多。他们说喜欢静态的工作环境和特别平和的心态，看了视频后，学生就感觉学习上能静下来，会有这种心态。

我不是特别适应采访，还是喜欢在特别静的环境里踏踏实实工作。不过，去大学里宣传文物保护挺好的。现在十八九岁的孩子关注中国传统文化，等他们将来结了婚生了小孩，就会把他们对文物的热爱和对中国古文化的关注传递给他们的孩子。听讲座的也有家长，也有学校教师员工，带着他们的小孩，最小的小孩五六岁。我觉得，大家从小关注故宫是很好的一件事情。我知道，只有故宫才能吸引他们，我只是代表故宫的一个元素，主角是故宫，其次是文物，我是后面很小的一个关注点，应该是这样。

超级稳定

我从十六岁到现在，四十年如一日在一间屋子里工作，一直在同一个位置上。我每天早晨六点半起床，七点十分出门上班，七点四十到单位，十分钟吃早餐，八点开始工作，十一点半洗手，十二点多吃完午饭，然后休息一会儿。下午一点上班，干到四点半，开始收拾、检查，最后断水断电，五点差一刻下班。六点半左右吃完晚饭，我刷碗、收拾。七点看《新闻联播》，然后和爱人出去溜达溜达。我爱人也在故宫工作，散步时我们有时候会聊单位的工作。八点半左右回家，看看电视，看看杂志。现在有条件了，可以看看国外的关于钟表的书，英国这方面的资料多一些。十点半左右休息。几十年都是这样，习惯了。

1986 年底我买了一辆自行车，车座已经换了几个，其他都是原件。以前我用它驮着小孩上幼儿园、上学。现在每天下班骑着它出北门，因为故宫很大，要走很长的路才能出去。这辆车目前状态还很好，经常需要保养。

我的工具是老工具，师傅一代用完了传到我这一代，我师傅用了一辈子，传到我手里有三十年了。这些工具有关于师傅的记忆，有一种传承感，将来我退休了也会传给下一代。这就是一个钟表室的修表史，就是一个记忆传承。这四十年我差不多修了三百件古钟表，占故宫现存钟表的将近五分之一。没修的钟表非常破，一百多年没有被修过。我们从破的钟表里选出一些来修，修好的可以拿去展览，平时还要好好保养。我平常修库房里那些从没修过的。在故宫的库房，修复好的放在地下库，那里恒温，防尘非常好；没有修的将近四百件钟表放在地上，它们的状态非常差，又残又破，锈损很厉害，修复很费工，我们基本上以抢救性修复为主。

我们家是满族，而且在旗。我爷爷的爷爷，我爷爷的父亲，我爷爷，我爷爷的兄弟和妹妹，都在故宫里工作。我父亲没有，因为1949 年以后他去上学了，学的不是这个。所以，我算是家里第四代在故宫里工作的。1968 年、1969 年那会儿，我七八岁，周末陪着哥哥去给爷爷送饭。爷爷自己到北门来接饭盒，不让我们进去，避嫌。故宫的一草一木都不允许碰。我小时候感觉这里面特别神秘。故宫神武门演电影的时候，家属有票，晚上去看电影，看完就出来了，别的地方都没有去过。1977 年我爷爷去世了。我从 1973 年起跟他生活，他那时候是病休状态，院里照顾他，让我接班。文物修复部门四十几个人，只有一位老领导。他带着我们在几个工作室里转了一圈，聊了几句。在钟表室，马师傅一个人坐着，挺暗的。他问我喜欢什么，给我演示钟表。我就感觉特别神奇，有声音，有小人可以动，就说我喜欢这个。过了一周，通知我上班，马师傅收我了。这就是机缘巧合。有个人退休了，空出一个桌子，我就坐到那儿，一坐就四十年，直到 2017 年 10 月 1 日我们搬到新的地方。

我儿子上小学的时候经常来我工作室，放学了来写作业。我不允许他乱跑，也不能乱动，要想动去院子里。他最后也选择了这份工作。大学毕业的时候，颐和园招人修古钟表，他报了名，然后就被录取了。父子同行，我觉得挺好。我喜欢这个工作，做了一辈子，希望有人来接班。颐和园确实需要这么一个人，他去能解决一些问题。要先看，有把握再动，没把握不能动。第一年不允许动文物，拿普通的闹钟、挂钟等非文物练习，练习组装能力，调试，找毛病。看了一年，想了一年，有把握了才开始动第一件文物。他入行三年多，大概修了十几件古钟表。他觉得每天都挺新鲜，每一个钟表都不一样，每一个钟表出的问题也都不一样，相对前一天都是新的。他觉得，反复琢磨之后修好的那一刻，有如释重负的感觉。有时候遇到问题，他会给我发微信，我俩回家再商量。

我们在家也帮同事或朋友修一些钟表。我们家基本上不买新的，都自己修。家里有一个热水器，用了一年多就出问题了，有师傅来修，修得很糙。我们看了一遍，记在心里，下次就自己做，做得更细。这么多年一点事没有。我们都养成了动手的习惯，看什么坏了都想修。

现在"工匠"是个比较热的词，实际上它是很平淡的一个词。做好你该做的事，心不要那么浮躁，耐得住寂寞，就可以了。还有一个，甭管干什么，首先要喜欢，喜欢就能做好，就能追求极致，追求完美。工作这么多年，我很享受这份工作，一天坐七八个钟头真不觉得累，晚上业余时间也干活。我非常幸运能够在故宫里工作，而且越来越喜欢干。

"甭管干什么，要静下来"

我爷爷以前经常说："甭管干什么，要静下来。"这么多年我觉得我一直是这么做下来的。

师傅，我想对您说：谢谢您把我领进修古钟表这个门，而且培养我这么多年。

儿子，我也想对你说：放松，一定把这份事业干好，要静心、耐心，希望你择一事终一生，把这份工作传承下来，对咱们这个大家来说你是继承人，对工作来说你是徒弟，对咱们这个小家来说你是儿子。所以说，你一定要把这份工作做好，珍惜这份工作，把咱们这几代人的修复工作继承下去，而且要学好、修好。咱们家几代人都在故宫里从事文物修复工作。你虽然不在故宫，但颐和园的钟表跟故宫的钟表是一脉相承的文物，位置不一样，但工作性质一样。我希望你争取干四十年，跟我一样，把这份工作当成你一生的职业，当成你一生的爱好，像我一样享受这份工作。

谢谢了，我的家！

故宫是一段历史的见证。故宫里的钟表是故宫的见证。在一座座精美绝伦的古钟表的嘀嗒声中，故宫从历史走到今天。故宫的钟表从明朝末年起就有人修复，这项工作已延续三百多年。王津爷爷的爷爷就在故宫工作，从爷爷的父亲到爷爷，再到王津是第四代，他们都与故宫结下了不解之缘。四十多年里，王津修复了故宫钟表近三百只，成功率百分之百。如今，他的儿子在颐和园修钟表。每一个修复好的钟表，当上紧发条、齿轮咬合，美妙的声音便穿越宫墙，唤醒历史。王津传承的不仅是守护故宫的家风，更是一项伟大使命——守护时间。

　　中国唐代著名天文学家僧一行也肩负着这项伟大的使命。僧一行编撰了唐代最精确的历法《大衍历》，制造了世界上第一台天文钟。英国著名科技史家李约瑟博士在《中国科学技术史》第四卷中说："唐高僧一行和梁令瓒所发明的平行联动装置，实质上就是最早的机械时钟，是一切擒纵器的祖先，走在欧洲14世纪第一具机械时钟的前面。"

　　从僧一行到王津，他们最美好的年华都献给了"时间"。一千三百年时光，绵延的是中华民族对时间的智慧守护，对伟大使命的坚守和传承。

熊猫奶爸　牟长雨

中国大熊猫保护研究中心核桃坪野化培训基地大熊猫饲养员，至今工作两年多，专门负责照顾熊猫宝宝，人称『熊猫奶爸』。

牟长雨的父亲牟仕杰在中国大熊猫保护研究中心核桃坪野化培训基地工作。2008 年之前他是兼职清洁工，全年无休。2008 年汶川地震时，他作为志愿者参加修复和重建基地、安置和转移熊猫的工作，因此被正式招聘为熊猫饲养员，工作至今。

爱上了，就一直要爱下去

上阵父子兵

我爸在中国大熊猫保护研究中心核桃坪野化培训基地工作，负责熊猫野化培训和放归，常年穿着熊猫服照顾和监测熊猫，我负责圈养大熊猫。我们上班是同事关系，下班是父子关系。

我小时候看见熊猫就觉得它们挺可爱的，越看越喜欢，就想我长大了能不能喂它。每次我爸周末去上班，我就主动说："爸爸，我要跟你去。"我很期待看见熊猫，喜欢看熊猫有什么样的生活习性、在干什么，就在旁边一直看。毕业的时候我想当饲养员，就说："爸爸，我很羡慕你的工作，你们单位招大熊猫饲养员的时候我能不能去参加考试？"爸爸说："可以。选择一样东西，你就做下去。"

两年前，基地招聘大熊猫饲养员，我投了简历。第一次没有被录用。过了几个月我又去，强烈表达了我对熊猫的喜爱，对熊猫饲养员工作的热爱。第二天我过生日，中国大熊猫保护研究中心人事处来电话，通知我通过了面试，我当时就流泪了，因为太激动了。

我爸当时正好在我身边，他说："恭喜你！我们就是父子兵了。你也是饲养员，我也是饲养员。"他还说："你爱上了这个工作，就一直要爱下去。"

　　每个熊猫长相不一样，仔细看，表情也不一样。难过的时候，它的眼睛对着你瞪得很大。高兴的时候，眼睛一眨一眨的，嘴角也会上扬，像人那样微笑。着急的时候，它不理我们，背着我们。遇到紧急情况，比如遇到打雷，熊猫会第一时间上树。它一紧张就会朝高处走，觉得树上比较安全。熊猫宝宝想吃东西的时候，想和我玩的时候，会撒娇，抱着我的大腿撒娇，意思是它饿了，要吃了。心情不好的时候，它会求安慰。有时候我去看它，它背靠着我坐，我就给它挠痒。有时候它很享受地坐在那里，蹭着我的背挠痒。熊猫的叫声可以表明它的状态。它高兴的时候、开心的时候、身体健康的时候，我们饲养员去了，它有一种叫声特别舒服，像在招呼："奶爸，我要吃的。"熊猫妈妈呼唤孩子有一种叫声，熊猫宝宝会回应，听着都很舒服。惊恐的时候，有异响的时候，它就躲避或者来回走动，同时吼叫。不舒服的时候，它的叫声好像在呻吟。我们每天早上做的第一件事就是看看熊猫宝宝有什么异常。熊猫就是我们"熊猫人"的孩子。给熊猫喂药就像给孩子喂药。我们会准备很小块的苹果，先喂一口藏有药的苹果，马上给第二口没有药的，慢一点它就会用舌头把药物吐出来。

当熊猫饲养员之前，我性格比较急躁。当了熊猫的"奶爸"，情绪再不好，看到熊猫心就会融化。上了两年班，我的脾气完全改变了，熊猫把我的坏脾气改掉了。

我爸很幽默，但是严格起来很严格，喜欢做一件事就很执着，包括对工作，包括对家人，包括对身边所有的人和事情。每天他回到家就跟我们聊熊猫。他觉得为熊猫服务很自豪，因为熊猫是国宝。汶川地震后的第二天，我爸把我们简单安顿一下就回去转移熊猫，一去二十多天。当时有六十三只熊猫在那里。我爸觉得，他是本地人，要多付出一点。刚刚地震的时候电话打不通，我们很担心他。

现在他做野外驯化工作，一方面，要精心照顾熊猫，另一方面，要培训熊猫的野外生存能力。所以，他不能穿普通的工作服，要穿熊猫服，也不能和熊猫接触太多，不能让熊猫对人类有依赖，因为回归大自然后它要自己面对一切，自己觅食，自己建立领地。

我认为，"熊猫奶爸"是世界上最幸福的工作，没有之一。我现在天天和国宝接触，我的工作很幸福。

下班一家亲

我们家挺简单的，故事也很平凡，但生活中很多小事情让我觉得挺幸福的，这就是生活该有的东西。

我十几岁的时候，有一次家里洗衣机坏了，我就跑到我爸单位去洗衣服，可是因为太困，还没洗就睡着了。我醒来的时候看见我爸已经给我洗好了衣服，烘干了，还把破的地方补好了。我没有说话，默默记在心里。

我之前有一个亲哥，不幸走了，那个时候我爸爸受了很大打击。没过多久就遇到"5·12"地震。我那个时候读小学，他第一时间跑到学校来，我最害怕最无助的时候第一眼看见了我爸。后来我爸坚持让我上学。塌方的路段很危险，曾经有一块石头从我们头顶飞过，我们当时躲在一个被砸坏的油罐车下面。我说："不读书了，好危险，我好害怕。"我爸说："再苦也还要读书。"回家的时候我又说："这么危险！"他说："不管危险不危险，还是要回家。"

地震的时候我家房子全部毁了，学校也没了。我爸说："儿子，放心，只要人在，只要我们努力，一切都会好的。"家园被摧毁了，家还在。亲人在，家就在。我爸经常对我说："我们经历了这么大的灾难，我们走出来了，我们要珍惜今天拥有的，要好好做。"

我爸对我妈挺好的，因为很少回家，休假的时候他给我妈买点小礼物、买点衣服带回去，回去给我妈做饭，挺细心的。

我和我女朋友读书时就认识了，已经五年了。一路走过来也不容易，我们今年订婚了，打算明年结婚。

现在我身边有两个熊猫，一个叫"杰瑞"，还有一个叫"初心"。

这就是我的家。

"爱上了，就一直要爱下去"

最初我爸说"爱上了，就一直要爱下去"，是指工作。后来我发现，不管是工作、家庭还是女朋友，爱上了，就一直要爱下去。

我想对爸爸说：这么多年，从我小时候到我叛逆期，再到工作的时候，感谢你在我很不听话的时候包容我所有，在我需要你帮助的时候帮助我很多。感谢你和我妈、我弟对我的支持。我说不出来很多话，除了感谢还是感谢。我以后会经常抽空来看你们，真的。

谢谢了，我的家！

牟长雨对熊猫的喜爱是纯粹的热爱，没有任何杂念，仅仅是爱，仅仅是陪伴。在他眼中，在他心里，不是把熊猫当动物，而是当朋友、当伙伴、当家人。和这些憨态可掬的国宝相处，就像和亲人相处，那是生命和生命的互动。

中国历史上慧眼识得千里马的伯乐也是这样。在伯乐的眼里、心里，都是对马的纯粹热爱，因此只有他能发现那拉车的驽马是千里马，也只有他能读懂马的心事情绪。

牟长雨和他的父亲可谓当代伯乐，传承的是伯乐精神，是人与自然和谐共生的理念。

谢谢了，我的家

竹

未出土时先有节，便凌云去也无心。

——宋·徐庭筠

咬定青山不放松，立根原在破岩中。
千磨万击还坚劲，任尔东西南北风。

——清·郑板桥

竹叶青青不肯黄，枝条楚楚耐严霜。
昭苏万物春风里，更有笋尖出土忙。

——董必武

竹是国人熟悉的一种植物，不惧严寒酷暑，四季长青。

古人总结竹有"十德"：竹身形挺直，宁折不弯，曰正直；竹虽有竹节，却不止步，曰奋进；竹外直中通，襟怀若谷，曰虚怀；竹有花深埋，素面朝天，曰质朴；竹一生一花，死亦无悔，曰奉献；竹玉竹临风，顶天立地，曰卓尔；竹虽曰卓尔，却不似松，曰善群；竹质地犹石，方可成器，曰性坚；竹化作符节，苏武秉持，曰操守；竹载文传世，任劳任怨，曰担当。这"十德"几乎把人的所有良好品行都赋予了竹，可见古人对竹的喜爱。

古人认为竹本是草的一种，也许是因为它的中直、虚空、有节，才使它超然挺拔于其他草类之间，而且凌冬不凋，叫作冬生草。宋代司马光《种竹斋》诗中有"雪霜徒自白，柯叶不改绿"，赞竹子顽强的生命力；清代郑板桥《新竹》写竹的团结帮扶，推陈出新："新竹高于旧竹枝，全凭老干为扶持。明年再有新生者，十丈龙孙绕凤池。"

中国传统家风家教文化非常推崇竹的品德，把竹的虚怀若谷、合众利群、志向坚韧的精神融入对子孙后代的教育中，尤其经商家族，非常重视竹的文化训诫意义：诚实守信，品行端正而不孤僻，聚是一团火，散是满天星，善群合利，同舟共济。

中国古代家训不仅规范为人处事，对于各行各业的行为准则也有训诫，经商方面，以陶朱公范蠡的"富好行其德"最知名。《史记·货殖列传》记载，范蠡辅佐越王勾践兴越灭吴，功成名就后急流勇退，"乃乘扁舟浮于江湖，变名易姓，适齐为鸱夷子皮，之陶为朱公"。范蠡在陶经商，"十九年之中三致千金，再分散与贫交疏昆弟，此所谓富好行其德者也。后年衰老而听子孙，子孙修业而息之，遂至巨万。故言富者皆称陶朱公"。范蠡因而被后人尊为儒商鼻祖。

据说，作为度量衡工作的秤，也是范蠡所制。古代的秤一斤为十六两，秤星由北斗七星和南斗六星以及福禄寿三星组成，为十六两，短一两无福，少二两少禄，缺三两折寿。可见，诚信经营的理念从商业萌芽期始就植入了古代商人心中，使商人心有敬畏，不敢唯利是图。

清末红顶商人胡雪岩是中国商界风云人物。他生逢乱世，起于草莽，慧眼识人，借助权贵政要之势，获得了亿万家财，在左宗棠挥戈西征收复新疆时，他筹集粮械，组织军饷，功劳巨大。胡雪岩一生传奇，据说有"五字商训"传世：天、地、人、神、鬼。"天"为先天之智，经商之本；"地"为后天修为，诚信立身；"人"为仁义，懂取舍之道，讲究"君子爱财，取之有道"；"神"为勇强，遇事果敢，敢闯敢干；"鬼"为心机，手法活络，随机应变。这"五字商训"，言简意赅，字字珠玑，透露出一个大商的心路历程和经验之谈，把"商人"升华到了"商仁"。所以，胡雪岩后裔将祖上的"五字商训"录入族谱，视为家训，以此激励后人：先做人，后经商。

中国百年老字号同仁堂，秉持着"修合无人见，存心有天知"的理念，恪守着"炮制虽繁必不敢省人工，品味虽贵必不敢减物力"的古训，绵延三百多年而枝叶常青，用旺盛的生命力，诠释了把商业文明和道德文明融为一体的儒商精神。

竹系列四位家风故事主人公，注重道德修养和文化修养，秉承"君子爱财，取之有道"的精神，讲究团结友善、互利互惠，完美体现了竹的文化内涵：

陈嘉庚之孙陈君宝，秉承"教育兴国"的陈嘉庚精神和陈氏集美祠堂七百年祖训，以商助学，以商养学；

耿飚将军之女耿莹，曾赴美经商，年近七旬以中华文化遗产保护为最后事业；

孔德墉作为孔子七十七代孙，在生意顺风顺水的时候，为了宗族大计，弃商修谱，而且在续修家谱的过程中开创性地收入了女性后裔和境外后裔；

陈春花集教授、作家、总裁于一身，将母亲的实干与奉献融入自己的商业理论，从而一次次带领企业实现逆转，让商业充满着母性温情。

天南地北的中国商人，一方面，在商言商，另一方面，唾弃唯利是图，追求共同发展，像竹子一样抱团，像竹子一样老竹扶新竹。

愿中国气节如竹！

教育兴国弘扬者　陈君宝

第三代华裔企业家，现长年居住于新加坡，在多家企业担任董事。中华海外联谊会海外理事、新加坡陈嘉庚基金副主席。

陈君宝的爷爷陈嘉庚是著名爱国华侨领袖、企业家、教育家、慈善家以及社会活动家。他一生"轻金钱，重义务，诚信果毅，嫉恶好善，爱乡爱国"，在六十七年间用辛苦创业所得在海内外创办大学，包括厦门大学、集美大学，受到海内外华人的一致尊敬，被毛泽东誉为"华侨旗帜　民族光辉"。1990年，为纪念陈嘉庚先生为祖国毕生倾资兴学做出的巨大贡献，国际小行星命名委员会将中国科学院紫金山天文台在1964年发现的第2963号行星命名为"陈嘉庚星"。

抠门的富翁们

我第一次回到厦门，看到集美学村和厦门大学都建得特别漂亮，可是在爷爷的故居，家具不是一套的，桌椅也不配套，而且破破烂烂的。工作人员说，这些家具是爷爷自己凑的，他在学校巡查的时候发现没有人用的东西，就拿来自己用。他的写字台其实就是一块板，他的烛台其实就是一只倒扣的杯子。这让我非常惊讶。

在爷爷的影响下，节俭成为我们家世代相传的原则。我的父亲今年已经一百零一岁了。我们用抽纸，一般一抽就是一张，用完就丢。可他撕下一半，下次再用另一半，到现在还是这样。这也影响了我们。

在我们家吃饭，夹到自己盘里的一定要吃掉，夹了不吃是坚决不允许的。如果有剩菜，就留到下一餐吃，直到今天还是这样。我也这样教我的女儿。

我有一个邻居，他的女儿比我的女儿大一点，他给了我们很多旧衣服。虽然是穿过的衣服，但我们没有顾虑，很乐意地接受了。我女儿穿得也很高兴，不会说没面子。衣服都是好衣服，邻居也是好意，我为什么不能接受？我女儿为什么不能穿呢？

慷慨的慈善家

爷爷的家乡在集美。他九岁入私塾，十七岁塾师谢世，他便辍学出洋。爷爷一生受教育的时间只有短短这几年。到了新加坡后，他看到当地的教育状况和家乡的教育状况形成了鲜明的对比。当时新加坡还是英国的殖民地，学生都穿着校服上学，这些情景对他触动很大。

爷爷做的生意很多，他所有的商品都用一个商标：一口钟，中间有一个"中国"的"中"字。这个商标的含义，就是敲醒当时的中国人要警醒。他在企业的章程里写明，在陈嘉庚公司工作，就是为中国奋斗，他把这个理念灌输在企业中。爷爷深切感受到，国家要强盛，必须有教育。他一生都希望中华民族进步，希望中华民族强大起来。他觉得，中国要强，就必须从教育开始。于是，他下定决心，将来一定要回到家乡办学。

爷爷倾资办学，付出了常人难以想象的努力。那个时候爷爷并不是很有钱，有的时候甚至他自己经营的实业都要受到影响。20世纪20年代，由于世界经济危机，橡胶的价格一落千丈，爷爷的经营遇到了很大的困难。英国的银行劝说爷爷："只要你不往厦门大学汇钱，我们就支持你的企业。"但是爷爷没有放弃。他说："我办企业就是为了学校，为了国家，如果不办学校我办企业干吗？"这是他的原则，绝不动摇。为了维持厦门大学，他毅然决然地把家里的三个别墅都卖了。有人专门造了一个词来描述爷爷的举动：毁家兴学。

抗日战争期间，因为爷爷旗帜鲜明地反对日本侵略中国，广泛动员海外华侨捐款捐物，为祖国的抗战事业做贡献，日寇对他恨之入骨。日本特务把爷爷当时价值三百万新加坡元的工厂一烧而光，使爷爷蒙受了巨大的经济损失。即便如此，依然没能动摇爷爷捐资助学的决心。在爷爷的带领下，我们全家都动员了起来。1950 年，爷爷回到祖国定居，就住在集美村，他时不时写信给我的伯伯、叔叔和爸爸，让他们想办法为扩建学校筹钱。收到爷爷的来信后，家里就商量怎么办，去哪里筹钱，还要想办法把钱汇给爷爷。那时候，不管是通信还是汇款，联络都没有那么方便。但是我们想办法克服所有困难，帮助爷爷。爷爷在一封家书中说，为了做兴学这件事，自己一碗粥就足矣。

苦心的实干家

为了兴资办学，爷爷很多事情都亲力亲为。我刚回到集美的时候，故乡的人告诉我，这些学校都是爷爷参与设计的。一开始我半信半疑：爷爷没读过什么书，没有上过什么设计院，也没有上过这种课程，他是怎么设计的？二十多年前，我刚好在厦门，听说一位一百一十岁的老先生从台湾回来，定居福州。他是清华大学毕业的，当时被爷爷请到集美工作了八年，帮忙建设校园。我马上就到福州去找他，想确认这些建筑是不是爷爷设计的。他说，很简单，建设集美的时候，陈嘉庚先生带领大家在工地上研究：这个要怎么建，多大，朝什么方向，他用自己的双脚丈量，这么长，这么宽，包括用料、石头、配什么砖、用什么颜色，都是爷爷决定的。大家就按照他的话画给他看，一直画到他满意为止，然后大家去设计图纸，去修建。修建厦大时，他虽然请了外国设计师做方案，但他也是一一过目并提出修改意见。所以，爷爷不仅投资兴建了集美学村、厦门大学，还是一位很特殊的设计师。

为了教育事业，爷爷倾其所有。他不仅建设学校，还聘请教师。20 世纪 20 年代，爷爷兴办了集美水产学校，为此专门从欧美请来相关专业的教师。在当时能够想到从欧美请最好的老师来教学生，我觉得他非常有远见，也说明他对教育极其重视。

爷爷兴资办学，其实还遇到过一些阻力。除了要建设硬件，爷爷还要宣传教育理念。当时家乡集美很穷，大多数人还不了解教育和知识的重要性。建好了学校，请来了教师，爷爷还要去劝学，去请求家乡的父老乡亲送孩子到学校。动员女孩子上学尤其困难。为了说动他们，爷爷免掉了学费，并且分发校服、课本与文具给学生们，不增加他们父母的负担。如果你成绩好，每周还要送一斤肉。真是用心良苦。爷爷的理念就是教育救国，不是救一家一户，而是救国。

爷爷是非常出色的实业家，在世时捐建和资助了一百多所学校，但是去世的时候并没有给后代留下多少财富，他几乎把所有的钱都捐出去了。临走之前，爷爷用剩下的一笔钱在集美大学设立了一项奖学金。爷爷觉得，如果我们后代是能干的，就会找到自己的路；如果后代不行，留下钱反倒会害了我们。今天我们觉得，他的行为是常人难以做到的，爷爷能这样，说明他是非常特别的一个人，我们都以他为荣。

据统计，他创办和资助的学校有一百一十八所，所花费的金额，如果按今天的金额换算，可能有一亿美金，也有人说二亿美金。教育投资跟其他投资不一样，培养的人才所创造的财富是无法计算的。爷爷最大的愿望就是学生从学校出来后都有知识，都能为国家做事，都能为社会做事。爷爷做这些事情，是为中华民族，是为国家。我们都支持他这么做，因为他是无私的。

今天，很多学生以自己能够成为厦门大学的学子而骄傲。2017年5月，福建省的一个代表团到新加坡访问，有一位先生听说我在场，就直接跑过来，握着我的手说："我是厦大的。"我并不知道他是谁，是什么单位的，但是能感觉他非常骄傲自己是厦门大学的毕业生。如果爷爷知道这件事情，也一定非常欣慰吧。

"该花的钱千千万万都要花，
不该花的钱一分一厘都不能花"

我出生于 1962 年，我的爷爷 1961 年去世。虽然我没有见过爷爷，但是他简朴的一生深深影响了我们全家。父亲跟我说过一件事。奶奶想把家里的旧家具换掉，爷爷不让换。奶奶很生气地说："你在外面建学校，千千万万都捐，家里一个几百块的家具却不让换！"爷爷说："该花的钱千千万万都要花，不该花的钱一分一厘都不能花。"也就是说，钱不是用数字衡量，而是看它的用处。爷爷不仅是这么说的，也是这么做的。

今天，在爷爷的精神的感召下，陈家助学的事业还在延续。爷爷的直系亲属已经有了第六代，有四百多人，分布在七个国家。他们不一定会说中文，但我们必须让他们理解先辈所做的事情，希望这些事情能影响到他们的做人做事，同时也来看看中国的变化。中国这几十年的变化太大了，他们必须懂。因此，从 1998 年开始，我们每几年都会组团回集美，参加学校的活动，到中国各地走一走。我们回去了八九次，人数最多的一次是 2008 年。陈家人分布在世界各地，其实每个人都有自己的生活、有自己的事业，是什么力量让我们大家回到集美，是什么凝聚我们大家呢？我想，就是因为爷爷所做的事情让我们所有人都倍感自豪。试问，世界上有几个家族有这样一位先辈，付出所有只为帮助自己的民族、自己的国家？凝聚我们大家的，不仅仅是亲情，还有对先辈的敬意。

在我们家族中，"教育"依然是一个关键词。比如我的堂哥陈立人，他以他父亲的名义设立了一项教育基金，帮助过很多贫困学生，让他们有机会得到应有的教育。现在，陈家有第四代在延吉的学校当支教老师，教英语，已经是第三年了。有一位天文学家到厦门大学担任教授，他很乐意回到曾祖父创办的学校去讲课。第三代、第四代、第五代陈家后人中，也有很多校长、老师。

最后，我想对我的女儿说：你的曾祖父，也就是我的祖父，他一生给我们留下了巨大的财富，这个财富是无形的，给我们的行为打上了深深的烙印。节俭是我们家学习的第一个道理，这让我们更能够深刻地理解"财富"这两个字。人要努力为社会创造财富，也要懂得让更多人享用财富。当你用财富回报社会，你的人生会变得更有意义。随着时间慢慢地过去，也许你对曾祖父的印象会越来越模糊，但你一定会从生活中感受到他留下的勤俭作风。我希望你能常常回到厦门、回到集美看看，看看他留下的"诚""毅"，你一定会像我一样，以他为傲。

谢谢了，我的家！

七百多年祖训的浸润和祖先的叮咛，在爱国华侨陈嘉庚身上得到了鲜明体现。他一生致力于教育兴国，甚至毁家兴学，将创造的财富回馈社会，一生创办和资助的学校有一百一十八所。

陈嘉庚的孙子陈君宝就弘扬了陈家与爷爷勤俭持家的祖训教导。而陈嘉庚直系后代中的很多人也继承着陈嘉庚一生奉献的教育事业，读书育人，造福桑梓。他们传承着集美社陈祠的祖训："教子读书无致临时搁笔，治家勤俭勿使开口告人。"

华夏文化遗产保护者 耿 莹

中国华夏文化遗产基金会创会会长，曾在中国画研究院工作，业余从事绘画创作，其中国画作品被多处国外博物馆、美术馆收藏。

耿莹的父亲耿飚是国务院前副总理，是长征中的"铁军团长"，解放战争期间率部参加平津战役、宁夏战役等。中华人民共和国成立后，耿飚进入外交部工作，成为派驻西方国家的第一位大使，被毛主席称赞"敢说真话，反映真实情况，是个好大使"。在父亲"霸道的干涉"下，耿莹长期学习中国传统文化，关注文物保护，为文化传播贡献力量。

你的根是这片黄土地

自珍自爱，树立文化自信

我爸爸是一个"国粹"，从小到大，他一直在"修理"我。上学时，班上有个同学学油画，每到周末就画点儿绿树红墙，我看了特羡慕，想跟她学，可是没有任何工具，我得想办法买。上中学时我们家开过家庭会议，爸爸觉得我长大了，就拍板给我零花钱，一个月三元。为了学画，我努力攒钱，攒了一年买了个最小的油画箱，让奶奶特地做了一个大书包，可以把油画箱放在里头，不让爸爸知道，也不让其他家人知道。我每个星期六和星期天骑自行车到中山公园画画。后来，我挑了一张自己颇为喜欢的作品挂在房间里。那时候爸爸正好从国外回来，推门进房间就看到了，问道："谁画的油画？"我一得意就说出来了："是我画的。""你怎么画的？我看看。"这下我觉得坏事了，瞄了一眼床下也不敢出声，因为我的油画箱子就藏在床底。爸爸拉开床一看，发现了箱子，一脚就把它踩烂了。我气得哭起来，爸爸居然走了。我还没哭完，他又抱着宣纸、砚台、墨汁和笔进来了，安慰我说："别哭了，爸爸教你画国画，你会吗？就画鸡蛋，还有那种茸茸的小鸡，好吗？"于是，我就跟着他学起了国画。

这样的事不止一件。老师教我们弹钢琴，我们都练得挺棒。等到爸爸从国外回来，我又得意地显摆起来，为欢迎他回来，弹了首钢琴练习曲。第二天，钢琴就被爸爸卖掉了。过了几天，他抱回来一把琵琶让我学。他对我说："你是中国人，先学中国的东西吧。"就这么一句简单的解释，让我慢慢地懂得了他。

我从小学三年级开始看《今古奇观》，好多地方都看不懂，爸爸却说，看不懂也得看，《西游记》也一样。他有这样一个理论：作为一个中国人，首先要了解自己的母文化，学习自己的母文化，不一定都能精通，成不了所有领域的专家，但是要懂得一些。将来随便到了哪儿，就能知道人家国家的文化和我们的文化相比，优缺点在哪儿。学习也好，摒弃也罢，心中都有明确的标准。

爸爸一生的"国粹"本色对我的影响很大。以前我觉得他有点急切，霸道，甚至是极端。后来仔细想，爸爸想教我的，就是从小深入了解中国文化，尽早在脑海中形成文化脉络，做好积累。只有这样，无论我走到哪儿，才会有坚定的文化自信。

自惜自重：保护中国文化

我后来在国外待了好多年，那时候总会情不自禁地想家，特别是看春节联欢晚会，听到《难忘今宵》，思乡的情绪最为浓烈。一次，爸爸的秘书悄悄告诉我，首长最近身体不太好，情绪也不高，如果我能回来就回来吧，在他走之前陪陪他，不要留下遗憾。我的年纪越来越大，思念的力量越来越强。走了那么远，经历了很多，我重新选择回到家里，回到爸爸的身边，陪伴他走完人生路。

关于我想做什么，在爸爸生前我们聊过，他说他不会干涉我的选择。最后，选来选去，因为我从小的经历，还有爸爸的影响，我决定做跟文物保护相关的工作。

我记得在解放宁夏的时候，爸爸住在一个破庙里。庙里的菩萨都在掉皮，菩萨背后的壁画却色彩斑斓，都是老祖宗留下的。有一次我看到爸爸的一张小地图，就问他这是谁的画。他说那不是画，而是地图。爸爸在地图上用红色和蓝色的笔画了好几个圆圈，告诉我，那是咱们的炮口。我问道："咱们的炮口为什么不打这些房子？""这个不能打，"他指着小房子告诉我，"这是座清真寺，咱们的炮口正好对着它，如果打出去，它就没有了，你就再也看不见它了，长大了更找不着。寺庙是老祖宗留下的宝贝，我们不能打，炮口得歪一下。"

爸爸用这张作战地图，给了我最初的保护文物的概念，我沿着爸爸的足迹，开始了现在的事业。90 年代时，全国范围内的壁画中有一个空白，就是缺少明朝壁画。恰好在北京的法海寺发现了十幅特别棒的明朝壁画，可是大家基本上无缘得见。我想，咱们国家有那么多专家，可以研究一下该怎样保护壁画，才能让更多人欣赏到它们的美丽。于是，我从壁画开始保护文物的工作，接下来还有抢救文物，守候文物。虽然保护文化遗产的工作很难独立完成，但是我想，必须有人做这件事，哪怕只有一个人。2003 年的一天，我和几个朋友在一起聚会闲谈。我们都对中国传统文化逐渐消失表示担忧：北京的胡同、四合院越来越少，万里长城仅剩下两千五百公里，龙门石窟的雕刻工艺已经失传……我们就决定成立一个民间组织来做这件事，为传承保护中华文化贡献"剩余红利"，所以就有了中国华夏文化遗产基金会。

现在，基金会已经走过了十多年，我始终坚信，要为中国文化做点事。这是我的人生选择，至死不渝。我会一直坚持，做到没有气息为止。

"你的根是这片黄土地"

爸爸从小就一直嘱咐我："你的根是这片黄土地。"无论在哪里，无论在何时，我都牢记这句话。

　　我特别要感谢父亲，他给了我生命，也给了我他的 DNA 和他的性格。我说他是"国粹"，这是句玩笑话，但我要谢谢他的"国粹"成就了今天的我。

　　我希望我的第三代孩子们，能够把外婆的期望一直带下去。我们中国有五千年的文化历史，我们的根在这块黄土地上，我们永远不要忘记。孩子们，你们从小就听着中国神话、中国故事长大，它们和西方的不一样，你们对自己的文化要熟悉，也要像我的"国粹"父亲告诉我的，对我们的文化充满自信。老祖宗留下那么多好东西，比如汉字，你们一定要好好学习，把每一个汉字、每一种文化牢牢记住，把我们的文化传承下去。

　　不管是大家还是小家，谢谢了，我的家！

　　在炮火连天的战争年代，耿莹随父亲耿飚将军出生入死，在马背上度过幼年；中年之后自学医术，拜师学画；年近五旬只身赴美，白手起家；年过花甲后，因为不忍中华文化古迹文物逐渐消失，她毅然创建中国华夏文化遗产基金会；如今年近八旬的她，形容自己是柴火，为中华文化遗产保护事业发光发热。

　　耿莹身上承继的不仅有中国传统的儒商精神，更有父亲一代革命者浓厚的家国情怀。父亲从小就告诉耿莹："你是中国人，你的根是这片黄土地。"正是这句话，推动着耿莹由海外归来，也是这句话，牵引着她由商而文，使她成为华夏文化遗产的坚定保护者，至死不渝。

当代孔门家谱续修者　孔德墉

孔子第七十七代孙，世界孔子后裔联谊总会会长，1998年经许可在香港注册《孔子后裔联谊总会续修工作协会，主持第五次大修孔氏家谱，新收入了二百万人，第一次收入了女性后裔、少数民族后裔和海外后裔，包括韩国的孔子后裔，共约四万人。

孔德墉的始祖孔子是中国著名的思想家、教育家，被联合国教科文组织评为"世界十大文化名人"之首。他是中华文化思想的集大成者，儒家学说的创始人。他的哲学思想提倡"仁义""礼乐""德治教化""君以民为体"。两千年来，这些儒学思想深刻影响了中国人的生活，同时影响了世界上其他地区的许多人。

孔府生活，诗礼传家

抗日战争爆发时，孔府在曲阜的嫡系传人是我堂兄孔德成。国民政府不想他落入日本人之手，从而使中国在精神权利、文化道统上失去话语权。因此，为了民族尊严，国民政府派人把孔德成接走。于是，他委托我父亲照管孔府和孔氏家族事宜。

我在孔府里念《诗经》《礼记》，练习书法。抗战八年，我在孔府里读了八年古书。对于在孔府长大的我，影响最深的是孔家家风，叫"诗礼传家"。在孔府，六点钟就要起床，梳洗完毕，在很大的后花园里玩一会儿，就和老师一起吃早餐，吃完早餐跟着老师念书，午饭也跟老师在一起吃。老师里有一位是清朝末年的进士，国学很好。以前在济南的时候，我是独子，非常自由。到了孔府感觉非常不自在，跟老师在一起有很多拘谨的规矩，要尊师敬长，说话不能随便，也不能大声说话，吃饭的时候要规规矩矩地坐。在这样长期的潜移默化下，我就形成了习惯，慢慢地不觉得守规矩不舒服了。

在孔府里，到祠堂祭拜是一项很大的工作，初一、十五要磕头，腊八节、端阳节、中秋节都得磕头。必须给上一代磕头。有一个报本堂，从第四十三代到第七十六代衍圣公，都得在那里挨个磕头、上香。乾隆皇帝的女儿嫁给了我们第七十二代的祖先，单独有一个祠堂，那个祠堂跟故宫差不多。晚上要把被子铺上，早晨起来要把被子叠好，每日三餐还都开饭，就好像公主生前一样，初一、十五，她的生日、忌日，还有各个节气，我们都要磕头。现在我觉得，慎终追远，不要忘了老祖宗，还确实是应该做的。

我年轻时不愿意念古书，我喜欢音乐，跟曲阜的一位音乐教师学习。老爷子知道后把胡琴、风琴都砸了。我就想去外边学习。第一次我偷跑去青岛，被追了回来。第二次我往重庆跑，又被逮回来了。有人向我父亲建议，给我娶一个媳妇就把我捆住了。我父亲就给我介绍我舅舅的女儿，比我大九岁。我"绝食"了三天。我父亲说，何苦呢，不行就不行吧。我就胜利了。

父亲说，什么时候打胜仗了就放我出去。1945年8月15日日本投降，8月16日我们看到报纸，我要第二天走。我父亲言出必行，就答应了。从曲阜到济南，火车开了三天三夜。我到了北京，学了大概三个月。当时曲阜安定了，北平还没有安定，我就和家里断了联系，钱也汇不来，那时候可以说非常困难，我吃不成饭了，靠教书才维持下来。后来到了1946年，我考上了国立艺术专科学校音乐系。那时候有奖学金，学业稳定了一个时期。1948年8月暑假期间，我回到济南，大概有三个礼拜左右，开始打仗了。我背着我父亲在战场上跑了十几里路，躲开了战乱。两个多礼拜后，济南不打仗了，我们就回去了。结果正好碰到一个朋友家兄弟姐妹四个人拿着铁锹和铁铲，在一片废墟里找我们的尸体，见面之后大家感慨，二世为人。

1950年，我到天津中央音乐学院工作。1952年，我父亲得了癌症，在协和医院住了三年，1955年去世了。那几年我在经济上有很大的压力。所以再后来为了给我太太治病，我们全家就申请去了香港。

圣之时者，弃乐从商

生活要紧，先得有饭吃才行。我当时做裘皮生意，赚了一些钱。第二年我们国家轻工业部的朋友找我说，他们刚刚进口了一台塑料制膜机器，要花十六万八千美元，让我帮忙去日本了解是否合适。我到了日本，伊藤忠商社有七个部长来见我。一个部长抽着烟斗，跷着二郎腿坐在沙发上，挺不客气地跟我说，听说你是孔夫子的后代，孔夫子有点看不起商，他的排位是士、农、工、商，"商"排在最后面，你现在做生意，你老祖宗九泉之下不生你的气？我说，你大概不太了解孔夫子，孟夫子说："孔子，圣之时者也。"意思是说，他是与时俱进的。孔夫子如果还活着，也会做国际贸易，而且比我做得好。这个部长越听越有意思，可以说哄堂大笑。我还说，我虽然只做了一年生意，可能我比老生意人还高明，因为我有孔夫子的思想。孔夫子的思想很简单，两千多年以来，中国人做生意讲求货真价实、童叟无欺。现在我们想买你们的机器，你们要货真价实，咱们才能合作。这个部长说，我经商二十一年，头一回听到这么高明的哲学。我说，这不是我的哲学，这是孔子的哲学，这是儒商的哲学。我们谈了三天，最后四万五千美元成交，从十六万八千美元到四万五千美元，给国家省了很多钱。经商时虚点心好，孔子说："三人行，必有我师焉。"要向别人学习。

慎终追远，千年梦想

1987年生意做得很顺的时候，我去了老家曲阜，见到了谷牧副总理，他对我说，你应该给孔家修家谱，不能把孔家家谱看作自己家族的事，这是中华民族传统文化的传承问题。我当时一没有时间，二有顾虑。到了1996年，我才到台湾找孔德成讨论修谱事宜。孔德成连说了三次，应该修。

1996年10月28日，在曲阜召开了第一次修谱启动会议。修家谱就像摸着石头过河。从前孔府有衍圣公，一声令下，各个地方修支谱，把支谱接上，就修好了。经过几十年的战乱，现在找谁去？现在没有人听了，没有族长了，户头那一套系统没有了。看了看民国谱，那时候有一百零八个支，哪些地方人多，就从哪个地方开始。像河南，人很多，我先派代表去了解情况。人家说，刚走了一个骗子又来一个骗子。原来刚刚来过两个人，说是要修谱，带着图又吃又喝又要路费，把他们都骗了。最后我发通知，把河南省各村各县的代表五十多人请到济南来，吃喝住行我全负责。大家就相信了。开完会后，大家都行动起来了。一开始我在香港和内地之间来回跑，后来我把生意交给我女儿，专注于修谱。有很多人对家族的观念淡漠了，入谱也是姓孔，不入谱也是姓孔。为了修孔家家谱，光调查和采访就用了七年时间，第八年才编纂定稿，一共十年。2009年出版，八十册，五千多页。凡是入谱的孔姓人都可以在家谱里找到自己的名字，而且可以续到孔夫子。这中间有很多有趣的事。山西有三个老头，说不清自己是"真孔"还是"假孔"。我们经过调查，把他的谱系接上了，这三个老头跪在那里就哭起来了，终于找到家了，终于找到祖宗了。非常感人。

现在孔氏家谱一修，各地很多家谱都修起来，孔家的家谱作为典范，每家都不同。姓孔不一定是孔夫子的后代，都得考察，很麻烦，这是一项很细致的工作。实际上，这是一个家庭史，家谱就是家里的史，这是历史的一部分，正史不会这么清楚地反映家史。

家谱修完以后，我发现还有很多人没有入谱。我就成立了《孔子世家谱》常态化续修工作协会。我提出，很多人反对女性入谱，其实有些女性比男性还孝顺，另外，如果一户人家只生女儿，不把女儿记入家谱，这家就绝户了。所以，一定要把女性写入家谱。再一个是少数民族。很多汉族人去到少数民族地区，有的因为通婚，有的因为政策问题，这次修谱收了十五个少数民族的孔子后裔。最后，过去家谱中没有收入过外籍华人，但确实是孔子后代的必须收进来。这是前所未有的事情。

我们孔子后裔要担当历史责任，要传承孔子的思想，要弘扬孔子的道德。修家谱就是一个凝聚的过程，就是一个修身立德的过程。现在，我越做越进入角色了，因为这项工作非常重要，等于给孔氏家族写史，过去的史太简单，应该更详细地留给后人。要做很多工作，写家史当然不能夸张，不能写溢美之词，都应该客观地写，把被埋没的历代精英都挖掘出来。一定要让后人知道我们的先贤。家史里面可以找出很多楷模人物，比如孔繁森，我们应该学习他，应该在家谱里多写两笔，记载他的功劳，记载他的品格。各族家谱应该多做这些事情。这是一个很大的文化工程，也是一个系列工程。这不只是孔氏家族的事，这是中华民族传承的大事。我现在越做越觉得责任重大，多活几年，多做点事，必须有后人接棒来传承这个任务，为家谱起一点作用，这是我们的责任。到了晚年，我觉得最有意义的还是这件工作，其余的工作是为家庭奔波，但是这件工作是为家族，是为中华民族传承特有的文化。天下有国，国里有家。现在孔氏家族的人开会，大家兴致非常高，信心也非常足，都想为家国来做事，家国天下是中国人的世界观。

"诗礼传家"

我给孔氏家族的所有年轻人和孩子们说几句话：孔氏家族是一

个大家族，家谱对每一位族人来说是不可或缺的人生坐标和亲情纽带。它告诉孔家每一个人在历史长河中的位置，也提醒每一个孔氏家族的人牢记"诗礼传家"的家风。

我们不仅要知道自己往哪里去，还要知道自己从何而来，更要知道自己应该做什么，一定要接过历史的交接棒，担负起历史传承的责任。人生在世匆匆忙忙几十载，你之所以走得更远，是因为你始终有家可回。

谢谢了，我的家！

孔子家族是世界最古老的家族之一，迄今已达八十三代，人数更是达到了惊人的二三百万。

孔子第七十七代孙孔德墉，年轻时做的事情有点像孔子的弟子子贡。子贡是春秋末期的首富，用自己的财富和影响力，推动孔子学说在各国传播。孔德墉是最早到国外做生意的孔氏子孙，也是中华人民共和国成立之后最年长的孔氏家谱编撰人。谁说圣人子孙不能做生意？重要的是用取之有道的财富去做为国为民的事业。《易经》所说"举而措之天下之民，谓之事业"，一语道破商道核心。孔德墉深得儒商精髓，并用与时俱进的方式继承和发扬传统文化，用行动诠释了"圣之时者也"的儒家精神。

母亲价值观受益者　陈春花

教授、作家、企业家，北京大学国家发展研究院教授，BiMBA商学院院长，华南理工大学工商管理学院教授。先后两次以临时操盘手身份带领企业实现逆转。

陈春花的母亲，如水般温顺地对待常年出差的丈夫，对待发奋学习的五个女儿；如山般拼命地为生计打拼，为了让家人的生活好一点、再好一点。

北方有佳人

我妈妈很不容易。她是湛江人，从小在海边长大，后来跟随我的地质队队员父亲到了黑龙江，我就在那里出生。

我妈妈从小吃大米，从没见过高粱米、小米，不会做山鸡和野猪，可是她说："既然来了，总得吃，总得学会去做。那好吧，那就学吧。"

南方人在黑龙江过冬真是太难了。湛江冬天最冷的时候气温基本在十摄氏度，不会有雪。我妈妈从取暖开始学，这是挺难的一件事。她在房子中间支一个铁炉，配有烟筒。每天早上她要起来点炉子，先放草，再放碎木块，再放煤块，这三样东西点燃后，炉子就着了。这是个技术活，在这个过程中，如果草不够好、煤不够好，就会非常呛人。我妈妈花了很长时间学点炉子。为了我们出被窝的时候不被冻着，她越起越早，三四点、两三点。她很努力做这件事情，后来慢慢熟练了，可以每天五六点起床点炉子。她一直这样做，从来不说这很难。她那样做的意思就是说，那好吧，那就把这个事情做好吧。

穿是更难的一件事情。在南方不用穿棉衣，在东北要穿各种各样的小棉袄、大棉裤。妈妈先学做棉衣棉裤，这个还不算太难。妈妈小时候在湛江的海边没有穿过鞋，所以做鞋对她是挺大的挑战。在北方做鞋要纳鞋底，那个鞋底大概一厘米厚。早期的时候她不懂有一种工具叫顶针，有时还要用锥子，她完全用手的力量拼命往鞋底里插针，手都会出血。我问她痛不痛，她说："没什么，反正要做，只有穿了鞋你才健康。"我们有五姐妹，还有外婆和爸爸，所有人的鞋都是她努力去做。我在广州上大学四年期间，全校只有我一个人穿布鞋。广州很热，不太适合穿布鞋，但我太爱她做的鞋。妈妈做的鞋，独一无二，纯手工，我穿上觉得很幸福。不过现在想起来我蛮后悔的，妈妈纳鞋底太难了。

妈妈给我最大的感受不仅是接受，更重要的是愉快地接受。她真的是很快乐，做鞋的时候想到孩子暖暖的、美美的，她就觉得这一切很漂亮。

弱女不输男

除了生活中的琐事，有一件事我很震惊。

爸爸一个人的工资，除了要养我们五个小孩，还要供养双方的老人，所以就不太够。妈妈做完家务后一定去外面打工。

我上初中的时候骑自行车，我知道她打工的地方很远，就想去接她。我并不知道妈妈具体打什么工，只是觉得应该是干力所能及

的活，或者说我觉得大家都能干的活。等到了那里，我惊呆了！那
是一个烧砖厂，妈妈干的活是推烧砖的土坯，那个土坯是湿的，很
重，她就一车一车地往窑里推。那是 6 月，天很热很热，窑里更热。
她穿着厚厚的制服，给我印象最深的是垫肩，耐磨的，因为要挑担，
还有厚厚的手套，因为要防烫。我到的时候她正要下班，晒得非常
黑，满头大汗地从窑厂往外走。我没有看到其他女人，只有我妈妈
一个女人。我接到妈妈就说了一句话："以后不要做这个活了。"我
印象中这不是女人可以干的活。她说这个活的小时费最高，她就想
我们过得很好。她怕我担心，就说不做了，不过要把一个月的合约
做完。之后她没有再做了。那件事在我的回忆中非常重要，她使劲
推土坯的身影常常会浮现在我脑海中。

如果我不去接妈妈，就不会知道她打工那么辛苦，加上那么遥
远的路途，真的太苦了。可是，她回到家还是老样子，还是很平和，
还是忙前忙后。她说"那好吧"或者在生活中毫无怨言，并不意味
着她没有为此付出努力，相反，她的努力超乎想象。我不知道我自
己能不能做到，但是妈妈做到了。

所以，我们姐妹五个人总想着怎么做能让妈妈更幸福。我妈妈
最高兴的事情就是看满墙的奖状。我们五个孩子都认真学习，奖状
一拿回来妈妈的第一个动作就是往墙上贴。东北过年有一个拜年的
环节，主人家会有很多好吃的，我们家经济紧张，没有什么好吃的，
妈妈就给人家讲整墙的奖状，别人很羡慕，很少有人家里一整面墙
上全是奖状。所以拜年是全年中妈妈最快乐的日子。她很喜欢人家
来，总让我们去给邻居拜年，请别人来我们家，然后给人家看奖状，
一个一个介绍，这是学习奖状，这是作文比赛奖状……她就很幸福。

妈妈其实在学习上对我们没有提要求，但是我们很受鼓励，就拼命地学。

晚上妈妈喜欢和我们一起坐在桌子旁边，我们写作业，她静静地看我们。非常安静，非常温暖，我从小到大都很喜欢这个场景。我喜欢晚上安静下来写东西，也是因为那是我心中家里最美的时刻。爸爸是地质队队员，常年不在家，这种氛围是妈妈给的。我很幸福，也很努力。妈妈平时很少主动聊天，可有一次她主动对我说，她那天排队买猪肉时说了一句"我是陈春花的妈妈"，就买到了她想要的肥肉，而且收获了羡慕的眼神。在那个年代，大家都想要肥肉，有肥肉就可以炼油，有了油炒菜就很香。我们镇子很小，我在考试榜上一直排第一，整个镇子都知道。所以，妈妈告诉我那件事的那一刻，我对自己说："一定要考第一。"如果我继续考第一，妈妈就可以继续开心。

为什么这件事情很重要？因为我们家的孩子都是女儿，在那个小镇上家里没有男孩是很大一件事情。给新郎新娘缝被子的时候，镇上的人会互相帮忙，但是这个时候一定没有我妈妈的份，因为给下一代做被子的人一定要儿女双全。不管我们和大家的感情有多好，我妈妈就是没有这个机会。妈妈说："没关系，那好吧，就这样。"当我从邻居那里打听出这个原因，我就告诉妈妈："您放心，您是全世界最幸福的妈妈。"我没有别的办法帮她，只能说，那好吧，那我就努力学习。那时候每家的孩子多，时常有邻居的孩子结婚，这种情形经常发生，妈妈都平静地接受。

随遇即是安

考大学的时候我自己的愿望是到北京，因为最好的学校在北京，我的成绩也非常好。但是，我父母是湛江人，他们唯一的愿望就是回湛江，所以爸爸要求我考到广州。我就说，那好吧，爸爸说什么就是什么吧。让父母看到回老家的希望，这对他们很重要。

可是，挑战就来了。在计划经济年代，我们班各个省有一名同学，读完要回去，我要留在广州就只能留校当老师。我在无线电系，可是无线电系没有教师名额。学校接受了我的申请，建议我去社会科学系教马克思主义哲学基本原理。给我三个月时间，能上讲台就可以当老师。我在大学学了四年无线电，三个月之后要站在讲台上讲马克思主义哲学基本原理！我跟自己说："那好吧，就做吧。"我一一请教上这门课的三十多位老师，一堂一堂听他们的课。老师们非常好，虽然知道我没有专业背景，但看我这么认真，都欢迎我听课。此外，我读完了教材中列出的六七十本参考书。我大概早上五点起床，看书、备课，直到凌晨两三点。三个月后，我就上讲台了。我知道自己的短板，我像妈妈一样不太善于讲，所以我把所有上课要说的话全部写下来，写了大概三十页纸，然后倒背如流，学生在任何时间提问或者打断，我都能顺畅地接下去。因为背得很熟，所以我很有底气讲。而且，我写板书，大段大段地写，还注明在教材第几页。两节课九十分钟，那些比我小两三岁的大二学生都服了。我很爱那个班，他们是我的第一届学生，每个星期五我给他们上两节课。我去上最后两节课那一天，看到黑板上有一行字："陈老师，

241

这两节课结束的时候，我们会期待下一次课的到来。"我站在黑板前对自己说："你一定要好好当这个老师，因为你是可以帮助学生去了解一门课的。"这件事促使我决定一辈子当老师。之后，不管我做什么，有一个身份一直没有变，就是大学老师。我就这样一直当了三十多年老师。

其实我一开始决定去广州读书是出于父母的期待，当我快乐地接受了这个期待，我享受到了当老师的美好。如果不是这样接受，也许我会觉得梦想全部毁了：本来想去北京，结果去了广州；本来是学无线电，结果去教哲学课；本来想当科学家，结果只当一名普通老师。我受妈妈的影响，很快乐地接受了这一切，我觉得很好。

"那好吧"

我的妈妈一直都是很平静的，很柔和的，很少言的。我唯一能找出来的一句话就是"那好吧"。在各种场合我都听到过这句话，所以就记下了，甚至成为我自己的习惯。这句话让我知道，这世上没有坏事，每一件事情积极地看都是好事，如果你愿意接纳，每一件事情都会帮助你，你的人生就会很美好。"那好吧"，其实代表了包容，就是能够接受、能够融入各种环境。

我基本上也是这样，遇到任何事情就会说："那好吧。"妈妈给我们最大的帮助，就是能够很快乐地接纳，很安然地生活，很坦然地应变。我希望自己一直拥有这三种特质。

妈妈今年八十岁，我想对二十年后的妈妈说一句话：我一直觉得牵手是件很奇特的事情。小时候是您牵我的手，我希望将来我牵您的手。牵手之间是我们千百年的缘分。我人生最大的幸福是做您的女儿，我希望当您一百岁时我们几代人一起去看世界，看美好。为了这个，让我们一起说："那好吧，那就做吧。"

谢谢了，我的家！

陈春花既是成果丰硕的教授，又是带领企业起死回生的企业家，还是一个会煲"心灵鸡汤"的美文作家。她的成就，首先与她努力读书有直接关系，影响她的好书有居里夫人女儿写的《居里夫人》、林语堂的《人生的盛宴》、彼得·德鲁克的《卓有成效的管理者》……但是，对她影响最大、最持久的，是母亲的爱。母亲一针一线缝制的布鞋，母亲一摇一晃拉进窑里的砖，母亲一块一块想尽办法买回的肥肉，母亲一张一张贴到墙上的奖状……安静的母亲，羞涩的母亲，善良的母亲，乐观的母亲，给了陈春花贫穷而富足的童年，给了陈春花简单而丰富的爱。

母亲教会陈春花最重要的人生观：快乐地接纳，安然地生活，坦然地应变，也教会她最重要的价值观：创造价值，努力服务。如今，陈春花欣喜地看到，母亲的印记已经开始出现在女儿的世界里，这是家风传承，也是母爱传承。

谢谢了，
我的家

谢谢了，我的家

菊

芳菊开林耀，青松冠岩列。怀此贞秀姿，卓为霜下杰。

——晋·陶渊明

不是花中偏爱菊，此花开尽更无花。

——唐·元稹

菊花如志士，过时有余香。眷言东篱下，数株弄秋光。

——宋·陆游

粲粲滋夕露，英英傲晨霜。高人寄幽情，采以泛酒觞。

菊花在百花落尽的深秋时节傲霜盛开，素雅清秀，坚贞高洁，"宁可抱香枝头老，不随黄叶舞秋风"（宋·朱淑真《菊花》），自古以来是高风亮节、仁人志士的象征，深为文人墨客所钟爱和欣赏。

中国古人素爱以菊明志。屈原《离骚》中有"朝饮木兰之坠露兮，夕餐秋菊之落英"的名句，更在《九歌》中以"春兰兮秋菊，长无绝兮终古"表明洁身自好、不同流合污、不随波逐流的高雅节操。东晋陶渊明不为五斗米折腰，辞官回归故园，"采菊东篱下，悠然见南山"，以菊为友，纵情山水，自得其乐。于是，菊花成了隐士的代名词，被称为"花中隐士"，寄寓文人安贫乐道、恬淡自居的隐逸理想。

菊花还有"延寿客"的雅称，自古被认为是长寿之花。战国以来，求仙问药的传说和道教长生理论赋予了菊花延寿成仙的神奇色彩，重阳节饮菊酒、簪菊、食菊糕等民俗逐渐沿袭下来。魏晋时期，受道家成仙思想影响，饮菊酒还被认为有延年益寿的作用。晋人傅玄《菊赋》云："服之者长寿，食之者通神。"

宋代以后，梨园行也称"菊部""菊坛"。传说宋高宗时内宫有一位菊夫人，能歌善舞，精通音律，宫中称为"菊部头"，"菊部"之称源出于此。宋时将宫廷内歌舞伎的班首称作"菊部头"，此后学者和戏剧家们习惯把戏曲界雅称"菊坛"。

中国传统家风家教文化也推崇菊的文化品格，希望后代子孙像菊一样独具风骨，志趣高雅，安贫乐道，不慕名利。东晋时"书圣"王羲之爱菊，留下行云流水般的《采菊帖》。王氏有家训，其中说道：

夫言行可覆，信之至也；推美引过，德之至也；扬名显亲，孝之至也；兄弟怡怡，宗族欣欣，悌之至也；临财莫过乎让。此五者，立身之本。

　　意思说，言行一致，是信的极点；把美名让给别人而自己承担过失，是德的极点；拥有美名使亲人显赫，是孝的极点；兄弟和睦而宗族相处欢欣，是悌的极点；在利益面前没有比谦让更好的了。这五条，是王氏族人的立身根本，也是王氏的立族之本。据传，琅琊王氏从西汉至隋唐，有六百余人名垂青史，其中正传六十二人，九十二人担任过相当于宰相的官职。除了政治上的成就，王氏家族在文化艺术上也是累世辉煌，人才辈出，在书法、音乐、绘画及文学上均取得了卓越成就，涌现出了大批王羲之这样青史留名的人物，为一时之冠。

　　陶渊明爱菊之清高，"闲静少言，不慕荣利"（《五柳先生传》），却并非不食人间烟火。《归去来辞》中有"悦亲戚之情话，乐琴书以消忧"，可见他还是一个重视亲情友爱之人。陶渊明五十一岁时，疟病一度加剧，以为大限将至，于是写了一封遗书《与子俨等疏》（《陶渊明集》卷七），在总结自己出仕与归隐的纠结中，流露出自己作为父辈未能给后代创造更好生活的愧疚之情："恨汝辈稚小家贫，每役柴水之劳，何时可免！念之在心，若何可言！"他不放心五个儿子以后的兄弟情谊，谆谆告诫他们"当思四海皆兄弟之义"，学习鲍叔、管仲"分财无猜"，归生、伍举"班荆道旧"，韩元长"兄弟同居，至于没齿"，氾稚春"七世同财，家人无怨色"，舐犊之情，溢于言表。

　　菊系列的五个家风故事，既体现了艺术的传承，也蕴含着慈孝亲情：

　　歌唱家苏芮，在如山般坚实的父爱之下，闯荡歌坛，打拼下自己的一片天地，从不气馁；

京剧世家谭家，七代人，二百多年，以一个"严"字，写就一部浓缩的京剧史，造就谭家的家教家风和艺术传承；

马头琴世界级演奏大师齐·宝力高，在母亲的激励和教导下，拉了近六十年马头琴，在他悠扬的马头琴声中，传承的是对母爱的永远怀念，是蒙古民族的浪漫情怀，是对葱茏草原的温柔依恋；

傅氏幻术第四代传人傅琰东，带着家的温暖，带着爱的感受，扛起家族品牌，把和父亲花三十年时间精心编制的节目带给全世界；

齐白石孙女齐慧娟，在传承中创新，在创新中传承，既继承了齐派艺术精髓，又保留了自己的灵性和才气；既学习着小生灵的外部形态，也学习着万物的生存法则。

这些用勤奋打磨技艺、用亲情传承技艺的艺术家，让中国的艺术如芳菊盛开，让中国的传统艺术和现代艺术都葆有坚韧的生命力。

愿中国艺术光彩如菊！

亲爱的小孩 苏 芮

1983 年苏芮的个人首张国语专辑《〈搭错车〉电影原声大碟》，成为内地第一张台湾地区专辑。苏芮以硬朗的风格、宽广的音域、浓厚的韧劲与强烈的沧桑感，形成了别具特色的苏式蓝调摇滚风格。代表作有《酒干倘卖无》《一样的月光》《亲爱的小孩》等。

苏芮的父亲曾是台湾地区知名的纺织商，后因投资失败而破产，但他积极面对生活的转变。苏芮在父亲的影响下，终于靠自己的打拼成为华语乐坛里程碑式的人物。

给父亲的歌：《酒干倘卖无》

很多人听了我唱的《酒干倘卖无》，就会想象我是那个悲惨的小孩，这其实是个误会。不过我唱这首歌的时候确实非常动情，确实是心里想着我的父亲唱的。所以，我是把《酒干倘卖无》唱给父亲的。

我很小的时候家境非常富裕，我就是"天之骄女"。我父亲经营台湾最大的纺织工厂，工厂里有篮球场、钓鱼池，还有司机。父亲非常爱唱歌，我们常在家里一起唱儿歌。但是在一次工业转型中，他的工厂倒闭，家里的资产被查封。那时候我家有一台很大的收音机，我开始学唱歌都是靠它。警察来的时候我就哭，求他们别把收音机带走，可是没办法，收音机保不住。房子也卖了，我们家九口人只能租房住。家里的生活可以说从天上到了地下。父亲没有气馁，他马上想各种办法。让我敬佩的是，父亲用两个星期把烟彻底戒掉。后来，他把酒也戒了。最重要的是，我们七个孩子都长大了，有能力了，可是到今天为止，父母从来没有开口向我们要过一毛钱。

父亲以前做纺织业，跟化工行业有一点关系。所以，后来他就租了一个化工实验室做研发。有一次，父亲在做试验的时候不小心被硫酸伤到了整条腿，可是他没有放弃，继续搞他的发明。父亲发明了很多东西，在台湾地区申请了很多项专利。他的第一个发明是一种家用的刷子，名叫"小红毛"。父亲刚出生时毛发不太黑，一哭眉毛就变红了，所以爷爷奶奶叫他"小红毛"，他就把这个名字给了他发明的刷子。我和哥哥姐姐都去帮忙摆地摊，卖"小红毛"。现在女孩子化妆用的眼线液，我父亲是第一个发明者。他申请了专利，可是没有钱继续开发。于是，他大方地把这项发明专利送给别人了。父亲在我心中是非常伟大的发明家。

父亲还是一位非常好学的人，几乎每天早上都阅读。他从小失去父母，一个人用扁担挑着豆腐叫卖。所以在小时候没有书可以读，等有能力了他就非常爱看书，家里的书柜摆满了父亲看的书，包括四书五经。他很仔细地读每一本书，慢慢领会书中的智慧。

"酒干倘卖无"的意思是"收空酒瓶"，指非常穷困的生活，人在那种环境下无可奈何。我进录音室唱《酒干倘卖无》的时候，并没有看过《搭错车》，但是我想到了我们九口人挤在小小的房间里，所以我能感受每一句歌词想表达的东西。那时的录音设备不像现在这么先进，唱的时候没有办法剪接。我几乎是从头唱到尾，没有修过半个旋律或半句词，一气呵成。我心中涌动着澎湃的情怀。"没有天哪有地，没有地哪有家，没有家哪有你，没有你哪有我。"句句打动我的心。

父亲过世之前看过我的一场演唱会。我办过这么多的演唱会，那一场最激动，因为父亲在台下。我唱《酒干倘卖无》的时候，泪水一直不停地流，因为想到父亲的一辈子。我最欣赏父亲这样的男人，他经历过大风大浪，面对剧变，他有办法爬起来。那时候父亲已经七十几岁了，看完那场演唱会后不久就过世了。

每次唱这首歌的时候我都想到父亲。它在我的歌唱生涯中永远是第一位。

给自己和儿子的歌：《亲爱的小孩》

我妈妈从来不唱歌，但是她在我心中是全世界最温柔的女人，轻声细语一辈子，即使在我们最困难的日子里也是如此。

我年轻的时候唱洋歌，妈妈听不懂，让我改唱一些她听得懂的。

后来我为母亲学了几首她会的歌，就是台湾地区非常流行的歌仔戏，还要做动作。她听我唱歌很开心。我是妈妈最偏心的孩子，以前她每天晚上会给我泡一杯牛奶，只给我一个人泡。我觉得自己是爸爸妈妈最爱的孩子。

后来我唱了《亲爱的小孩》，我觉得这首歌不只是为小孩唱的，它其实没有年龄限制，每个人都是"亲爱的小孩"，包括我自己在内。每个人都拥有童真，也都会无助，会找不到方向。所以，这首歌是非常广义的。

我唱这首歌的时候感触非常深。我会想到我自己，也会想到我的儿子，好像是为我自己唱，为我的儿子唱，为每一位朋友唱。"我亲爱的小孩，为什么你不让我看清楚？是否让风吹熄了蜡烛，在黑暗中独自漫步？亲爱的小孩，快快擦干你的泪珠，我愿意陪伴你，走上回家的路。"每次唱到这里，我都会感动。每个人都有迷失的时候，每个人的人生当中不尽然那样顺利。《亲爱的小孩》一直陪伴着我，包括在我人生最低潮的时候。有些歌需要一些技巧，有些歌你赋予它太多技巧，反而画蛇添足。唱《亲爱的小孩》这样的歌，真真实实地流露情感就足够了。

我儿子说我不是他的偶像，这样我反而很高兴。我们做父母的要给孩子多一点等待，而不是期待。太期待，小孩会有太大的压力。等待的话，我们静静地看着孩子，静静地等待小孩子成长。每个人都是个体，都有自己的思想、个性，每个家都有一个方式，不需要为别人改变太多，忠于自己就好了。

"不要气馁"

父亲是我这辈子最敬爱的男人。他的话不多，但只要一说出来，就会对我们影响深远，给我们很多思考。父亲对我说"不要气馁"，我真的很受用。

我想对儿子说：父亲一生对我的影响非常深远。他曾经说，人一生下来就像一张白纸，会染上很多颜色，所以走之前要尽量还原白色。他总是念着曾经帮助过他的人，也说过要懂得尊重别人，要守本分，多为社会做出贡献。

谢谢了，我的家！

父母是孩子的原件，孩子是父母的复印件。一个人的性格，来自于父母双方性格的综合影响。

苏芮在她的歌唱生涯中，受到父母最直接的影响。苏芮的父亲曾是台湾地区知名的纺织业商人，破产后仍自立自强，独辟蹊径，以另外的方式重新站立了起来。自助者天助。父亲的言传身教，给了苏芮持续一生的正面教导，那些从苦难里升华的心路历程，那些不带技巧的真情流露，都化成了苏芮打动人心的歌声。比如唱给父亲的《酒干倘卖无》，比如唱给儿子的《亲爱的小孩》。

文以载道，歌以咏志。艺术家的歌声是真实的灵魂流淌，它不仅是唱给世界，更是唱给自己。常言道，父爱如山。正是父亲那雄浑如高山的力量，伴随苏芮在歌唱生涯中勇往直前。

谭派京剧艺术传承人 **谭孝曾**

谭门第六代嫡传人，北京京剧院国家一级演员，第十、十一、十二届全国政协委员。

谭家的京剧表演贯穿京剧二百多年的历史，甚至有人说，谭家的历史就是一部浓缩的京剧史。谭孝曾的祖父谭富英先生、父亲谭元寿先生，都是京剧名角，而且同在老生行当。在谭家的严格家风中，第七代嫡传人谭正岩已经在京剧界崭露头角。绵延七代，谭家在世界戏曲史上创造了奇迹。

有屁股不愁挨打，砖头
瓦块还有翻个儿的时候

寂寞中坚守

我是京剧世家——谭家的第六代嫡传人，我们谭家七代坚持在京剧艺术的舞台上，曾历经辉煌，也曾深陷低谷。我二十几岁的时候，事业不怎么如意，痛苦地煎熬。不过，我一直坚持，从未放松，一方面是祖父谭富英先生不断地教诲我要耐得住寂寞，另一方面是埋藏在我心中的信念：生长在谭家，就肩负着一份重任，必须把京剧事业坚持下去。不管目前行不行，好不好，总而言之要努力，永不放弃。我深知，干京剧这一行比较苦，要出成绩，没有别的捷径可走，就得每天长在练功厅里，刻苦努力，仔细钻研，反复磨炼。于是我定下了每日流程：早上起来必须吊嗓子。过去有句话：一天不练，自个儿知道；两天不练，同事知道；三天不练，观众知道。一个人练功其实非常枯燥，一个动作要反复练习不知道多少遍，才能在舞台上呈现精彩。因为舞台剧尤其是戏剧，是一次性的艺术：今天演砸就是砸了，今天演好就是好了。如果不想演砸，就得背后加倍用功。正如俗话说：要想人前显贵，必须背后受罪。

我们京剧演员的精气神，全靠一招一式体现，必须站有站相、坐有坐相。时间长了，很多舞台上的习惯会带到生活中。比如我们一落座就是子午相，一伸手就会出兰花指。

可是，如果说能看得见远方，知道什么时候有一个机会在那里等着，练功还能有劲。十多年的低谷期，犹如没有终点的马拉松，我只能咬着牙坚持，牢记匠心精神。从1967年到1977年，我陪着祖父谭富英先生走过了他人生的最后十年。那时候我觉得前途渺茫，不知道该干什么，只好每天下午到祖父屋里，垂手而立，恭敬聊天。这种聊天，每句话都让我受启发、受教育。祖父三句话不离本行，除了讲家族的轶事，从太祖谭志道，说到高祖谭鑫培，曾祖谭小培，再说到他自己的生活、艺术和经历等等，还有戏剧界的趣闻，包括每个流派的艺术特点。一个唱腔，祖父能够讲谭鑫培先生怎么唱，余叔岩先生怎么唱，自己在三几年时怎么唱，五几年时怎么唱，各个流派怎么唱。当时没有录音机，我完全凭着记忆，记下了祖父的谆谆教诲。可能很多人认为，搞艺术的人都不太善于言谈，但是祖父说得非常到位，能为我指点迷津。我父亲七十多岁的时候，还坚持一个礼拜吊两次嗓子，周一和周五雷打不动。这都是十几年前的事了。前辈的一言一行，都使我终身受益。

不打不成戏

戏迷朋友们可能都知道，干京剧这行，肯定要吃苦受罪，正所谓不打不成戏。下不去狠心，就出不来人才。我们谭家人深知，只有"严"字当头，演员才能博得观众的喝彩，京剧艺术也才能长盛不衰。

我们家有一个习惯，总是爷爷带着孙子学戏。我的祖父谭富英先生进"富连成"的时候，是谭鑫培先生亲自送去的。他还特意叮嘱："你们怎么要求别的孩子，就怎么要求他，还得要求得比别的孩子更严格。"我父亲谭元寿先生进"富连成"，是曾祖谭小培先生送的，托家里的"福"，得到特殊"照顾"：别人挨十板，他挨十五板。到了我儿子谭正岩进戏校时，是我父亲谭元寿先生送的。他特地交代老师说："孩子交给你了，不听话就打他。"老师当时就说，现在这个社会哪能打孩子呢。谭元寿先生回答："别的孩子不打没关系，只要他不听话，就打他。别人练一遍，让他练两遍，别人练两遍，让他练四遍。"

我曾听父亲讲过，那时打人全有技巧。打手"两面焦"，就是说手背搁在桌子上是硬的，板也是硬的，打在手心上，等于硬碰硬，所以叫"两面焦"。打屁股三下见血。打完手板，血还滴答滴答的，到水管那儿一冲，就继续练习翻跟头；打完屁股提上裤子，还得练功。父亲曾经回家找爷爷告状："你看给我打得，手都这样了，屁股都这样了。"结果谭富英先生说："你挨的打，连我的三分之一都没有。"

尽管如此严苛，但谭家的每一代人都深知：打你是为了让你练好，是给你本事。有了本事你今后才能赚钱，才能养家糊口。谈起他们的科班生活，谈起他们受的那些罪，往往是怀着感恩的心。因为没有科班的磨炼，就没有今天这些大师级艺术家人物的出现。

演戏大过天

在谭家，"严"字处处可见。我们除了传承艺术，也传承了孝顺和忠厚的品质。一次我做节目，和正岩的母亲刚站起来给大家清唱，儿子谭正岩和他媳妇儿马上起身，在后边陪站。因为谭家的环境就是这样：只要长辈一站起来，晚辈肯定跟着站起来，这已经是一个习惯了。

儿子谭正岩是谭家第七代嫡传人，可以说出生在戏剧世家，家里戏剧氛围浓厚。过去谭正岩和周围的同龄人一样，喜欢动漫、打球、踢球，也喜欢追星，模仿其他明星的造型。京剧这一行当不能留长发，有一阵子他模仿香港明星，想留长头发。理完发，脑袋看上去就和毽子一样。回到家我一看就说："你这剃的是什么头？别唱谭派了！"在我的反对下，没几天谭正岩就剪了头发。

即便是他的母亲，对于他的指导也是非常严格，甚至贯彻到了日常生活中。别的小孩打喷嚏，做母亲的第一个想法应该是：孩子感冒了吧，喝点水，吃点药。可是他母亲的关注点不在这儿，她说："你这个位置不对，得往上，得头腔共鸣。"还有打哈欠，本来是怎么舒服怎么来，可她却说："你口形不能这样，得把后槽牙打开。"有时候儿子打电话，不想被我们听到，特意关上门，可他母亲就冲进去喊："注意嘴皮子！"简直就是把戏带到生活中的"戏痴"状态。年轻人说这是"戏癌晚期"的表现。

为了提高谭正岩的艺术水平，家里对他的调教十分用心，既不让他志得意满，也不会过分苛责，让他失去信心。一次，我的父亲、我、谭正岩三代同台，演《定军山》戏里前、中、后三部分的黄忠。谭正岩非常重视这次演出，事先下了很多功夫。可没想到在演唱中出了瑕疵，一些唱腔没控制好。于是他直奔谭元寿先生而去："爷爷您有什么话，回家再骂我，我知道这一场没有演好。"谭元寿先生鼓励他："没有，挺好的，有那么几个地方不准确，回来我给你说。"于是正岩的心一下子踏实了。如果他延续当时台上忐忑的状态，后边的戏就可能演砸了，万一再看到祖父严肃的态度，可能心里一下就垮了。可是祖父说"挺好的"，他的心里就踏实了，后边鼓起劲了，就能做到超常发挥。

还有一次，正岩演完《四郎探母》正在卸妆，我夸他："今天演得不错，你爷爷特高兴，一会儿过来夸你。"我父亲从没夸过我，顶多说一句"还行"，所以正岩听了特别兴奋，他觉得终于等到这

一天了。结果谭元寿先生根本就没搭理他，跟化妆间的其他演员说了一圈"辛苦""受累"，扭脸就走了。其实谭元寿先生看自己的孙子演出，兴奋劲儿比看我的演出时不知多出多少，但是他从来不在后辈面前表现，很少当着别人的面夸自己的孩子。因为在他的脑海里，艺无止境。对后辈而言，这也是给他们的一个警示：追求艺术的道路是没有尽头的，要始终保持谦虚的态度。

"有屁股不愁挨打，砖头瓦块还有翻个儿的时候"

回望人生，我印象最深的一句话是祖父说的。我二十几岁没有什么登台机会的时候，祖父看我情绪不高，对我说："小子，记住了，有屁股不愁挨打，砖头瓦块还有翻个儿的时候。"这两句北京老话，很通俗，也很有哲理。前一句的意思是：你不要怨天尤人，要时刻准备着。只有具备了条件，一旦用你的时候，你才能取得成功。也就是说，金子总有发光的时候。后一句话，用咱们老北京胡同里盖房的砖头瓦块做比喻，砖头瓦块放在门口、马路边、街边没有人搭理，这时指不定走过来一个什么人，有意无意地踢一脚，它就翻一个儿。也就是说，你只要持之以恒，坚持在这个舞台上，总能遇到机会。在寂寞中坚持做好准备，祖父的这句话指导了我的一生。我在舞台上坚持了三十多年，直到五十岁以后才让更多的观众认识我、了解我、喜欢我。从二十几岁到五十几岁，这种坚守也是一种煎熬。爷爷的教诲给我树立了一个信念：生在谭家，我就肩负着传承京剧的重任，不管目前行不行、好不好，我永不放弃。

2015 年中国电影诞生一百一十周年时，我的高祖谭鑫培出演的《定军山》被重新翻拍，2017 年进行了首映式。父亲参加了，看完以后，回家对我说："没想到你的艺术有这么大的飞跃和提高，我放心了。"父亲看到了我们的努力，第一次给予了肯定，我觉得熬了几十年，自己没有白费心。那一天我给父亲下跪了两次，父亲哭，我也哭，不是伤感，而是发自内心的激动与欣慰，我终于扛起了谭家的艺术大旗。

最后，我想对儿子正岩说几句：正岩，你成人了，作为谭家的后代，你身上更多的是责任。我觉得这几年，你的所作所为，你在舞台上呈现的所有剧目，都体现了你的坚定和担当。尤其近两年，你在舞台上有了飞跃性的提高，得到了家人、朋友和观众们的认可。京剧的希望在你身上，谭家的未来也在你身上。我希望你能够早早地扛起谭家的大旗，我会为你铺砖引路，做你的垫脚石，在背后默默地支持你。我也相信，所有热爱京剧、热爱谭派艺术的观众朋友们会关注你、支持你、帮助你，希望你把京剧推向新的辉煌。

谢谢了，我的家！

常言道：台上一分钟，台下十年功。艺术家为了淬炼心中的艺术，必须耐得了寂寞，受得了孤独。谭家是京剧世家，七代人，二百多年，一部浓缩的京剧史。一个"严"字，贯穿了谭家七代人的家教家风，既是上一代人对下一代人的嘱托，也是下一代人对上一代人的承诺。其中付出的努力不为人知，难以想象。

谭孝曾牢记家族传承的艺术训诫，用默默无闻的十年，静心锤炼，练功沉淀，为日后的艺术成就打下了扎实的基础。十年里，他勤学苦练，潜心琢磨一招一式；同时也传承了谭家尊老爱幼、忠厚笃实的家风，不仅学唱戏，更要学做人。谭孝曾一家人都是对京剧表演念念不忘的"戏精"，是把戏带到生活的"戏痴"，真正做到了人生如戏、戏如人生。

古人云：书痴者文必工，艺痴者技必良。正是这种痴迷艺术的精神，这份传承艺术的责任，在中国京剧界树起了谭家的大旗。

为马头琴而生的男人 齐·宝力高

来自内蒙古科尔沁草原的蒙古族艺术家，国家一级演奏家，世界马头琴大师。

齐·宝力高的母亲是一个普通蒙古族妇女，在她的殷切叮咛下，马头琴带着齐·宝力高走向了越来越宽广的天地。

小活佛寄情马头琴，偶遇伯乐童年离家

我父亲以前是科尔沁最大的活佛。我父亲在五十三岁的时候生了我，所以我以前小名就叫"五十三"，我是小活佛，在一个庙里当了两年多第五世活佛。可是我非常喜欢音乐，他们就让我回家了。

科尔沁草原每年过年的时候，会请来很多民间艺人，有拉琴的，有唱歌的，有说书的，我听过说《三国演义》的。有一年，我听完拉琴以后，第二天就开始自己拉。从六岁那年开始，我差不多就琴人合一了，人不离琴，琴不离人。无论到哪里，我先要把琴安顿好。

我刚开始拉马头琴的时候，我妈说："你拉得不行，你去那个推磨的屋子里拉吧。"一个礼拜以后，我妈说："儿子，你进来吧，在家里拉吧，你拉得太好听了。"她是第一个承认我的人，我非常高兴。母亲跟我说："你一定要拉马头琴，马头琴是神的乐器，是

成吉思汗的马头琴，你把马头琴拉好了，母亲的灵魂就上天了，你拉不好，我就回来了。"我现在每次拉琴都想起母亲这句话，只要我母亲的灵魂上天了，我也对得起她了。

　　我的父亲去世比较早，我哥哥不在了，我有两个妹妹，所以我母亲在牧区什么活都干，割乌力吉河边的柳条，然后晒干烧火。十岁的我帮母亲背柳条，虽然特别沉，但是我咬着牙，让八岁的妹妹帮我背上。母亲扛很大一捆，我背小一点的一捆，天天去背，不然冬天没有烧的东西。我妈说："儿子，你这么小，别干了。"我的两个妹妹，一个六岁，一个八岁，只有我能帮妈妈干活。我就说："妈，我是儿子，我不帮你谁帮你？我是儿子，不是女儿，我一定要干！"我母亲每次生病的时候，我都坐在旁边哭。没有母亲哪有我，我真正的佛爷就是我的母亲。

　　那时候还有一个活，春天修河坝，每家分三十方的土，要把土拉到河岸上。我虽然只有十岁，我也去，我们家的劳动力就是我。干活的时候我就拉琴，一起劳动的弟兄们在听，马也在听。我们有十个磨，一个人管一个磨，一个磨上有一匹马。大家对我说，你不用干活，大家给你管干活，你就只管拉琴。男女老少都在听我拉琴。

　　那时候的大自然非常好，周围那些动物也出来听，蛇、刺猬、蛐蛐、蝈蝈……那个地方没有电灯，有一个汽灯，所有的动物都在灯底下，蚊子也来。它们都来听我拉琴，我非常高兴。我相信它们肯定听得懂，音乐不需要翻译。我去过很多国家，我一表演《万马奔腾》，观众都说非常好。在非洲，我一演奏，非洲人都跳舞，帽子扔了，钱也扔了。

　　1958 年我上学，那个时候草原上还不是村村有学校，很多村的孩子到一个地方上学。正好内蒙古实验剧团来招人，我就拿着古老的马头琴去考试了。我给团长唱了歌，拉了马头琴。团长特别感动，说："天才，你跟我走吧。"我说："我走不了，我还有母亲，要回家说一说。"第二天，我回了趟家，给母亲报信。母亲说："太好了，儿子，男子汉应该去闯。"第二天早上起来，母亲给我做了奶油炒米。母亲说："你哥哥在四平战役死了，现在不打仗了，你走吧。"她给了我十五块钱，说那是我哥哥在四平战役去世后民政局每个月发的。

　　我们去到科尔沁的一条河，有一个推船的老头看到我说："你这么小离开家乡，多可怜。"我母亲说："不可怜，成吉思汗九岁就离开草原，离开自己的老家了，我这儿子没有问题。"我母亲送我上了船，船走到河的西边时，我母亲还站在河的东边。那时候是秋天，草原上很冷，我看见母亲旧的蒙古袍上面还有补丁，蒙古袍底下风还吹着。有一句话叫"儿行千里母担忧，母行千里儿不愁"。我当时很小，没有理解母亲，她把眼泪全掉在她心里头了。我今年七十四岁，现在想起来六十年以前的事情，像昨天一样。一想到母亲，我就觉得母亲现在好像就在我旁边坐着一样，真的。

到了内蒙古实验剧团，领导问我叫什么名字，我说："我叫五十三喇嘛。"领导说："再给你找一个名字吧。"他拿来很多蒙文的名字，问我喜欢哪一个。我就选了"宝力高"，是"泉水"的意思。我还说，我要姓"齐"，因为是成吉思汗大儿子的后代，是黄金家族的后代，这个姓不能丢。就这样，从1960年起我就开始叫"齐·宝力高"。

"神经病"三改马头琴，走出国门为民族争气

那时候我们那儿没有几个人拉马头琴。我十六岁的时候，领导让我去中央音乐学院，我就来到北京，在交响乐团学小提琴、钢琴、作曲。别人都不愿意和我一起住，因为我早晨五点钟就起来练琴，中午不睡觉，晚上也很少睡觉。人家说我这个人是"神经病"。

在中央音乐学院，我感觉到马头琴是很落后的乐器，声音效果很不好。1962年我就开始改，结果被人批判说把马头琴改成了"驴头琴"。我说，没有关系，再改。两次改造后，马头琴换成了蟒皮蒙面。

1982年，有位作曲家写了一个马头琴协奏曲，把我请去跟他们

合奏。我的马头琴虽然换了蟒皮，可是需要五分钟定一次弦。人家就对我说，齐·宝力高同志，这是协奏曲，不是定弦协奏曲，我们一百多人都得等你。我身上有二十块钱，从北京到呼和浩特的硬卧要十二块钱，我就跑去呼和浩特。早晨六点钟到，我去乐器厂找段师傅，请他改。他问我有多少钱，我回答说八块钱。他说，八块钱就给你找最次的木头做。最后声音出来了，跟蟒皮一模一样的声音。从此以后这个共鸣箱就产生了。从1982年开始，马头琴就变成了今天这样木制的马头琴，大家都用这种马头琴。我把社会看成人间的大学。

后来我们成立了"野马马头琴乐团"。我领着二十八个学生，不分昼夜地练了四十五天，统一了马头琴的演奏法。世界上第一个用汉文写成的马头琴演奏法，是我1973年写的，1976年我又写了蒙文的。世界上有一百首马头琴协奏曲的话，大概有八十八首是我作曲的。

我妈还说过，一定要给民族争气，人要有民族自尊，要有国家自尊，没有这两个自尊什么都干不成。2005年世界反法西斯战争胜利六十周年庆祝活动期间，维也纳金色大厅邀请我。那天晚上音乐会是我主持的。我说，我今天代表中华人民共和国内蒙古齐·宝力高野马马头琴乐团。我的祖先八百年前来过这个地方，八百年后成吉思汗的后代唱着和平歌、拉着马头琴又到了金色大厅，带来一曲《初升的太阳》，那是人类的太阳，和平的太阳。没有和平，有太阳也是黑暗的。两个半小时的演出结束以后，很多人来看马头琴，他们不明白两根弦为什么能有这么多和声。我说，没办法，这是成吉思汗留下的乐器。我这一生就是为马头琴而生的，为马头琴而活的。

我努力了五十年，总算是走向世界了。我一想又哭了，别看我是这样一个勇敢的男人，有些时候在没有人的地方我也哭过。

后来我在呼和浩特办了一个世界青少年国际马头琴艺术节，来了一千个人，排练很难，很难指挥。最后我拿了一块粗的木头，站在桌子上，三个人一起振动，就这样我们的艺术节破了吉尼斯世界纪录，马头琴历史上第一次由一千个人一起演奏。现在有五万个人拉马头琴，其他民族的人也喜欢马头琴。所以，我心里非常骄傲，同时我感觉对得起祖国，对得起我的母亲。我每天看见马头琴就有紧迫感。即便在感冒的时候，我只要看到墙上的马头琴，就要拉一个小时，拉得浑身出汗。有人说，你现在是大师了，还练琴干什么？我母亲说过，一个男人说"我行了，我已经可以了，成熟了"，这个时候阎王殿的小鬼就会在门口拿绳子把他带走，你永远说"不行"，就不会被带走。我听母亲的话，我母亲是一个很伟大的人。

"时时刻刻跟自己过不去的男人才能办大事"

我一辈子记着我母亲说过的一句话。那是我六十年前离开家乡时母亲说的一句话："儿子，一个男人要办大事的话，一定要时时刻刻跟自己过不去，时时刻刻跟自己过不去的男人才能办大事。"

我想对我的母亲说：我一辈子忘不了您说的话，您教导我说，人本身的敌人就是自己，自己的敌人就是懒惰。我永远忘不了您教导我的话。儿子我一定要对得起您，没有您的教导，我今天当不了艺术家，我今天的一切都是您给的，谢谢母亲。

　　我把琴声送给我的母亲，送给我的家人，送给我的民族，送给我的祖国。我最大的家就是中国，我是一个中国人。

　　谢谢了，我的家！

　　马头琴是蒙古族的古老乐器，在蒙古族传说中是神的乐器。马头琴乐曲大多深沉、粗犷、激昂，表现了蒙古族人民的草原生活，如呼啸而过的狂风、辽阔无垠的草原、哽咽悲伤的心情、尽情欢乐的歌声、奔腾激越的马蹄声等。

　　马头琴世界级演奏大师齐·宝力高，五六岁就开始拉马头琴。母亲对他说："你把马头琴拉好了，母亲的灵魂就上天了，你拉不好，我就回来了。"母亲的话，以及对马头琴的挚爱，支撑着齐·宝力高改造乐器，改编乐曲，努力了五十年，终于在维也纳金色大厅用马头琴演奏了《初升的太阳》，使马头琴艺术得到全世界的认可。当荣誉接踵而至，他并没有停下脚步。他策划和组织的马头琴千人演奏，打破了吉尼斯世界纪录。他牢记母亲的另一个教导：人本身的敌人就是自己，自己的敌人就是懒惰。

　　齐·宝力高是为马头琴而生的男人，是母亲的儿子，更是草原的孩子。他用马头琴声传承着蒙古民族的浪漫情怀和对草原母亲的温柔爱恋。

傅氏幻术传承人　傅琰东

傅氏幻术第四代传人，现今国内学历最高的青年魔术师。2011年因春晚魔术《年年有『鱼』》家喻户晓。

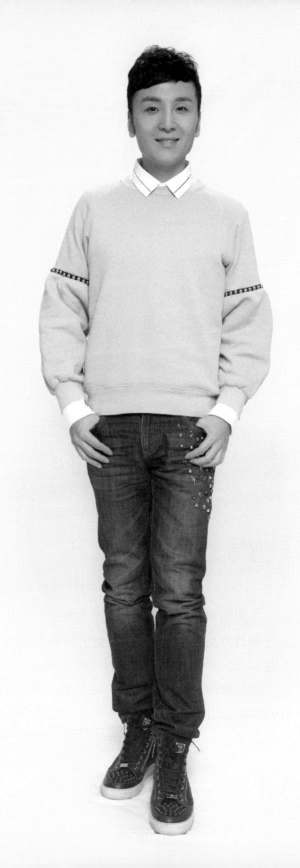

傅琰东的曾祖父傅志清早年留学日本，是最早将外国魔术引入中国的先行者之一。祖父傅天正成立了傅氏幻术的第一个正式魔术团，曾被誉为"中国四大魔王"之一。父亲傅腾龙集研究、表演、创作和设计于一身，被誉为"中国魔王"。傅氏幻术是魔术界唯一国家级非物质文化遗产，致力于将中国幻术展现在世界舞台上。

一家人就该好好的　　傅琰东

父母相濡以沫，暖心牵手相伴

我出生在一个魔术世家，从记事开始，我就觉得爸爸妈妈的感情非常好，他们从来没有红过脸、吵过架。以前我们三人出门都要手拉手，现在他们俩都七十多岁了，还会手拉手。我最熟悉的画面，就是爸爸妈妈在我身边，爸爸做道具，用针线帮我缝机关，妈妈也在一旁帮忙。

妈妈是老师，跟魔术圈没一点儿关系。当年爸爸的剧团解散了，被分配到一所中学当美术老师，认识了妈妈。一开始妈妈好像很讨厌他，甚至还去给领导提意见，要开除这个画画老师。后来，他们在工作中慢慢产生了感情，妈妈对魔术的态度也有了变化。她开始帮爸爸做道具和机关，还当他的助手，上台递东西。此外，她充分发挥了自己语文老师的特长：爸爸经常写跟魔术研究有关的书，但是写得比较潦草，妈妈就利用午饭到午休这段时间在办公室抄，没有电脑和打字机，就买文稿纸，一个字一个字地誊写清楚。爸爸的改动多，妈妈能看懂，还把思路和措辞改得很通顺。她是爸爸的文字编辑。

　　我的爸爸妈妈不仅心有灵犀，性格还默契互补。爸爸为人随和，妈妈细致入微。当时爸爸在上海挺有名，很多人在路上都会认出他是著名的魔术师。只要被人喊出了名字，妈妈就立刻帮他把领子翻好，她知道爸爸总是一个领子在里一个在外，生怕他出洋相。他们手拉手，其实还有个秘密。爸爸的糖尿病已经有三十多年了，导致一只眼睛几乎失明。别人问："傅老师，你的眼睛这样，按理说身体早就支撑不住了。可你怎么还这么好？"爸爸总是回答："多亏了老伴的照顾，都是老伴的功劳。"妈妈常说："为什么要拉着一起走？因为怕他看不见，怕他摔跤。我就是他的一副拐杖，也是他的一双眼睛。"

他们的亲密让我一直备感温暖和踏实。小时候，爸爸常去外地巡演，一去就是半年，连铺盖都带走。当时打电话也不方便，我们就给爸爸写信，一般是妈妈先写，最后让我加两句。才一年级的我虽然不太会写字，也会用拼音把幼稚的祝福语添上。每个礼拜我都能收到爸爸的回复。记得有一次，爸爸从青岛坐船回来，妈妈从几天前就开始忙活：把被子全都换成新的，铺好床单，买菜回来腌，杀鱼……直到那一天带着我去码头等船。这些都是我的美好回忆，也让我对幸福有了深刻的理解。

为爸爸学魔术，为妈妈上大学

不管是多么和美的家庭，总有不可避免的分歧。在我们家，最大的一次讨论发生在我高中毕业的时候。我到底是当魔术师还是上大学？爸爸和妈妈有分歧。

我从小学习好，但是更爱学魔术。六岁时我神奇地获得了人生中第一次登台演出的机会。那时爸爸在外地，妈妈还没下班，我放学回家，听到有人在公用电话亭里找爸爸接电话，于是我接过了听筒。对方说，有个儿童美术电影的颁奖典礼将在上海浦江游轮上举行，想请爸爸表演。我说爸爸出差了，几个月后才回来。那边就问："你去行吗？"对于生长在魔术之家的我而言，看爸爸演出是司空见惯的，可是我自己还没有表演过，挺新鲜的，我糊里糊涂就答应了。接下来，我从储蓄罐里拿了四分钱坐电车，坐了七八站到达南京路上的上海国际饭店。门一开，我看到了一群大人。他们看我这么小，便问道："你能表演吗？"我想了想，回答说："我会一点儿魔术。"

他们就同意了。回家后我把这件事讲给妈妈听，她惊讶不已："你胆子怎么这么大呢？明明你什么都不会啊！"但我已经答应了人家，于是妈妈让我赶快给爸爸写信，临时抱佛脚。过了大约一星期，爸爸回信了，他没埋怨我过于自信，只是画了三四十张图纸，用画画的形式，把一个绳子的魔术解释清楚。我照着图练了一星期后，信心满满地去了。可上了台才明白表演和练习的差别有多大。我的脑袋晕乎乎的，用发蒙的状态稀里哗啦地完成了，人家还给了我十五元作为报酬。

妈妈总说，爸爸给我种下了一颗"不安分"的种子。他经常带我去演出。我去过中南海、人民大会堂，直到高中还跟爸爸到处见世面，看到了外面的精彩世界。我爱上了舞台带来的成就感，不想上大学了。家人开了个会，爸爸说随我，但妈妈觉得做演员太辛苦，生活风雨飘摇的，也没有保障，坚持要我一定上大学。我经历了几番迷茫与挣扎后，告诉爸妈："这样吧，我可以去上大学，但是毕业后我不会从事跟那个专业相关的工作，还是要做魔术师。"

求大同存小异，表演团队作战

爸爸认为父子的关系就应该如朋友般亲密，他跟我说话不用命令句，而是用商量的口吻。不过他也常常提醒我不要浮躁，因为成功绝不是一蹴而就的。他说："遇到困难要坚持。任何一件事，比别人多坚持一秒，你就赢了。"妈妈一直对我严格要求，特别在意我的学习成绩，从不轻易妥协。不过我的性格更像她，挺有决断力，有原则。但是说到底，我们都明白"家和万事兴"的意义，有什么想不明白的，就开个会解决。

关于家庭会议，爸爸经常开玩笑地说："老伴是主席，主持开会；儿子是总理，事无巨细；我是政协委员，给他们做参谋。"最终总是求大同、存小异，少数服从多数。妈妈会选一些环境好的地方开会，这样心情也会好。比如夏天就在公园的树荫下，我们席地而坐，慢慢讨论。冬天去茶室这样安静的地方。有一次，我们的会址是上海展览馆门口的绿地，就在街边。我们坐在那儿，一边开会一边吃梨，好像在郊游。梨吃完了，会也开完了。我们讨论的话题，有时候是爸爸的秘密，有时候是我的，大部分都跟魔术有关。爸爸比较传统，而我时常有一些新想法，妈妈是我们的第一观众，她通常觉得我的点子更时尚，更能吸引年轻人，于是总会支持我。不过，傅氏幻术一贯的中国化表达和将魔术当学问来研究，我是从爸爸那儿继承的，我也会一直坚持这个理念。

现在爸爸退休了，我们俩的身份发生了互换。以前，他设计了一个新节目，总会问我的意见，而现在，是我向他请教，他是我最重要的艺术顾问。我不希望爸爸彻底休息，他这样热爱事业，如果保持工作状态，就不会衰老太快，也会始终有一种被人依赖的满足感。我在 2011 年春晚上表演的《年年有"鱼"》，那幅画就是我爸爸帮我画的。他的贡献还不止于此，他是我的保护神。2010 年 12 月 24 日，春晚节目审查，我准备的节目就是《年年有"鱼"》。当天爸爸在上海有演出，只有妈妈在我身边。那天我过得非常煎熬，什么都不顺，鱼也不听我的，眼看这个节目就要被毙。后来导演手下留情，给了我一个机会，两周后再看一次表演。于是我赶紧给爸爸打电话，让他赶紧回来帮我。只有他和妈妈都在身边，我的心里才能踏实。第二天，爸爸就风尘仆仆地赶到北京，帮我做准备。于是，我顺利地通过了第二次审查。年三十晚上，爸妈也一直陪着我，爸爸在走廊里帮我看衣服，妈妈负责拦住舞蹈演员，不让他们出现在容易穿帮的地方。这个成功的春晚节目，其实是我们一家人送给全国观众的礼物。

父子身份转换，陪伴以报恩情

这两年爸爸的身体状况不太好，他又特别不自觉，很难控制对巧克力、冰激凌这些甜品的食欲，偏偏糖尿病患者必须管住嘴。有时候我实在气不过，给他测血糖，还悻悻地说："你这样的人，就得一天测七回！"说得他怪不好意思的。有时候看他废寝忘食地画道具和设计图，就必须提醒他该休息了，仿佛我变成了家长，而他成了孩子。

糖尿病在我们家遗传，后来我和爸爸成了病友，这让我对他的状态更加感同身受。我得病以后，就更加关注爸爸的生活质量，不能让他瞎吃，但没有甜味，生活也变得没趣。我就上网查了真正无危害的无糖食品，可以吃什么，可以吃多少，还经常给他换换花样。最有趣的是，我们会自己研发糖尿病人可以吃的奶油蛋糕。总之，爸爸是我和妈妈的重点照顾对象。

几年前，爸爸妈妈从住了好多年的上海来到北京陪伴我。我知道爸爸的喜好，立刻给他布置了一间小书房，任他自由活动；还在工作室里给他安排了一间专用办公室，让他专心研究道具。平时，我会挑一些安排宽松的演出，只要爸妈的身体吃得消，就带着他们一起去，爸爸当顾问，妈妈当义务音乐总监。我知道他们希望能多跟我待在一起。遇到我休息的日子，他们会主动问，比如，香山的枫叶红了，一起去爬山吧？他们希望我劳逸结合，身心得到放松。一家人手拉手，待在一起，才是幸福的真谛。

"一家人就该好好的"

最近，我和爸爸着手研究了一个全新的魔术。我小时候就见过爸爸在画图，由于当时的技术水平不够，达不到想要的效果。辗转三十多年了，现在我们终于有机会和能力做出来了，我想在新魔术首演的当天，重温接下来的这段话：

爸爸，妈妈，这么多年来，幸好有你们一路的陪伴，要不然我走不到今天。我从小性格内向，也不知道自己将来到底要做什么。爸爸悉心的指导，让我的人生有了一个明确的方向。我小时候羡慕爸爸，仰望着他，当时绝没想到有一天，我也能成为和他一样棒的魔术师。将来我可能会比爸爸做得更好，但爸爸永远是我人生中的一盏明灯。从小到大，爸爸总跟我说的话并不全与技艺或绝活儿有关，而是"一家人就该好好的"。傅氏幻术已经传承了四代，我希望，不仅一代比一代强，更要把"家和万事兴"的暖风传递下去。

谢谢了，我的家！

历史上最早的魔术纪录是在四千多年前的古埃及，在中国作为节目表演至少在两千多年前的西汉时期出现。如今，提起魔术不得不提到傅家，因为傅氏幻术是我国魔术界唯一的国家级非物质文化遗产。傅家用四代打造一个品牌，倾家族之力传承一门技艺。傅琰东就是第四代家族品牌的传承者。这一切都来自于傅家四代人对于家族品牌的精心打造和用心传承，也来自傅家和谐和睦的家风家教。

傅琰东的父母性格默契互补，父亲视力不好，母亲就做丈夫的拐杖和眼睛。家里大事小事，都由傅太太主持会议，商讨解决。夫妻俩相濡以沫，相敬如宾。一家三口，求大同存小异，互相尊重，追求平等，以家和兴万事。美好和睦的家庭氛围，让傅琰东向往父母的生活，向往父母的工作。对于傅琰东而言，魔术不仅是工作的舞台，也是幸福的源泉。从六岁偶然登台演出开始，到把傅氏幻术带到春晚、带给全国观众，家庭的和睦关爱一直是傅琰东最坚实的后盾。在傅氏幻术的奇妙世界里，最值得被铭记的是傅家的你教我学，是傅家的相亲相爱。

齐派艺术传承人　齐慧娟

齐派绘画传人，三岁开始习画练字，诵读诗文，三十余年来笔砚耕耘不辍。

齐慧娟的爷爷齐白石是近现代中国绘画大师，擅画花鸟、虫鱼、山水、人物，笔墨雄浑滋润，色彩浓艳明快，造型简练生动，意境淳厚朴实。齐慧娟的父亲齐良末是齐白石先生最小的儿子，著名画家，攻山水、人物、花卉，追求气派风格，人称"小齐白石"。

热爱生活的爸爸

我爸爸是一个热爱生活的人，他能把生活中的点滴变成快乐。在物资匮乏的年代，没有更多的快乐，吃是人类最本能的一种快乐，会让你对生活怀有无限的热爱。我爸爸手特别巧，而且特别爱研究，把生活的快乐研究到极致。比如出一个新菜，他会想方设法做出来，即使没有原材料，也要分析一下这个菜为什么做得这样好吃。一个简单的炒白菜，我爸能炒出来十几样，炒白菜丝、炖白菜块。爸爸曾经跟我说，人一生想要做成什么事，都要付出无数的艰辛。甭管是学一门手艺，还是做一件事，都要倾尽一生去努力，才能实现人生价值。比如说做一个好菜，就要让大家都吃得满足。爸爸从小就跟我讲，杭帮菜、上海菜偏甜，东北菜偏咸，两广的饮食清淡。生存是人类的第一需求，所以热爱生活的人肯定是热爱饮食的人。我爸把做饭当作科学研究。比如炖白菜的时候要切块，因为白菜帮外面有两层膜，切成块不烂，既成形，还进味。但是要炒白菜，就要斜着切，这样白菜的肉出来多，两个膜少，这样炒就容易熟，而且进味快，这跟科学一样。别人说家的味道是妈妈的味道，我们家是爸爸的味道。我妈妈做饭不灵，她还嫌我爸不会过日子。

当时北京市唯一一家乳品店在珠市口北口，爸爸经常带我去喝，因为我爱喝奶，小孩又需要。有一次，我爸爸买了一碗给我喝，我说，爸爸你也喝。他就象征性地尝了一口，都留给我了。我现在估计，他当时是没钱了。但是爸爸特别乐观，没钱就没吧，没钱也不唉声叹气。没钱有没钱的快乐，有钱有有钱的快乐。没钱的时候，白菜也能做出好几种快乐。

70年代我家就有沙发了，是我爸爸自己做的。他去废品回收站挑弹簧，拿回家上油，把锈擦掉，把每一个簧绑起来，还在外面套一个粉红色的布面，扶手是木头的。我印象里那个沙发真舒服。我的绘画启蒙老师就是爸爸。毕竟有家庭条件，我三岁开始玩笔墨。实际上，小孩还不用语言表达的时候，就靠涂涂画画表达很多想法。我小时候，爸爸画，我也跟着画。为了让我对画画的兴趣不受打击，能够一直维持下去，他放任我涂涂抹抹，让我随便去体会。等到大一点，爸爸开始教我画工笔画。女孩一般爱画漂亮的工笔仕女，我虽然是女孩，但性格比较活泼，不太能够稳住，基本上三分钟待不住就开始蹦蹦跳跳。爸爸说，你画工笔画，画小美女。他后来专门给我解释，画工笔必须要细致，一笔一笔去勾，一次一次渲染，用这个磨性子。用古代的美女、漂亮的衣服、漂亮的小脸，去磨我的性子。画到一定程度，就画大写意，女孩就越大越秀气，性格越练越文静，不拘谨。说实话，我非常感谢爸爸在艺术上为我铺的这条路。小的时候不觉得，现在回想确实很有道理。现在，我可以把握住人物、动物的结构细节，大写意也能把精神掌握住，全是因为爸爸的精心培养。

　　我也画虾，刚开始画不好，画一张不行，画两张也不行，随画随涮笔，一盆水很快就变黑了。变黑了之后我还那么画，画了一会儿我就烦了，开始画别的。爸爸一看就说，不行，画虾一定要通透，虾很透亮，所以涮笔的水要干净，淡墨不等于脏水，实际上是用干干净净的笔蘸上墨，自然地渲染、画上，纸上才有通透感。爸爸用脏笔画了一只虾，又用干净的笔画了一只虾，比较给我看。果然，脏笔画的颜色不新鲜。为了教我画虾，爸爸专门画了小虾的结构图，把虾分成一个一个结构。一笔、两笔、三笔、四笔……到最后一只完整的虾。爸爸还一边画结构图一边讲解：这边有虾枪，我们吃虾都知道，前面有一个虾枪，硬硬的；画虾身子的时候，第一节最大，

第三节是弯的，要不然这个虾弯不过来；最后画虾钳子，大臂、中臂，小臂一定要粗，它相当于人的手掌，连接前面的钳子；画虾须必须是直的，因为有一个中空的管，虾须是从一个管里出来的。一只小小的虾，却有很多讲头，有很多细节。这结构图里有爸爸的心思，特别细腻。

我父亲后来对我说，我不能只学爷爷的齐派画，要跳出这个圈子。我就大量涉猎其他画作。我父亲说，你爷爷的画源于五千年的文化。实际上，所有的艺术都来源于老祖宗的文化。我和父亲经常会有一些艺术上的交流。他年龄大，思维意识跟我不太一样，他更传统，我的绘画更多一些现代性的东西，包括构图上追求一些现代的色彩构图。我们各抒己见。

我们家挂了很多画，最明显的地方挂着我父亲的画，比如餐厅里的鲑鱼画。我最重要的就是"补壁之作"。有一年家里暖气漏水了，管子埋在墙里，要把墙凿开才能修，修完了暖气就剩下一个大窟窿。三天之后就要过年了，怎么办？我把一幅和墙一样大的画裱好，装上金框，挂在墙上，特别完美的作品。

重情重义的爷爷

爷爷和爸爸不太像，因为两个人的生活背景完全不同，每个人成年后的性格、做事的风格多少带着童年的印记。爷爷小的时候家里非常困苦，有时候甚至吃不饱饭。爷爷历经痛苦，自学成才，特别会生活，甚至可以说有点抠。爷爷是好客的人，家里每天有很多客人。我听爸爸讲，他腰里挂一圈钥匙，钥匙锁着柜子，柜子里有点心，客人来的时候爷爷就拿出一盘点心让客人吃。生客可能不好意思吃，但真正的熟客，尤其是他的学生、弟子们就说：可别吃，指不定搁了多长时间，闹不好还长毛了。另外，客人要是真吃了，老爷子闹不好还真心疼呢。

　　其实，爷爷对自己特别抠，对朋友、对亲人一点都不抠。国家授予他"人民艺术家"的称号，他始终不忘本，不忘初心，以手艺人自居，以农民子弟自居。他的画作题材都来自生活中的点点滴滴。那时候，我们老家湖南经常来好多同乡，来了他就请吃饭，都安顿好，走的时候还给一些路费。在家里做工的人，每年年底都会拿到红包。老北京都知道，以前白菜是北京冬季的当家菜，家家过冬都要储备。有一家人常年给我爷爷送白菜，于是过年的时候我爷爷就给人家画一张画，免费的，因为在爷爷眼里情谊无价。我爷爷特别讲情谊。他的老师从小培养他，带他走上绘画这条路。老师过世的时候，我爷爷特别伤心，把老师曾经夸赞的画都亲自裱好，带去坟头上烧了。

　　我爷爷画画特别讲规矩。他的画是大写意，看上去好像只有三五笔，其实很讲究。有人来求画，我爷爷要研究好用的什么纸，问清题材，问清用途，然后构思。画完之后，他把画放到画架上，躺到对面的躺椅上，看看怎么完善细节，比如说结构画完了，大组织画完了，该补虫子、该补鸟了。然后再挂起来，再看，反复斟酌。画好了，他还要想这张画怎么题字，在哪里盖章，根据画面决定应该题多少个字，是不是用长款或者别的款。我爷爷是一个特别严谨的人，完成一幅画很认真。爷爷穷其一生画画，还有相关的艺术门类，比如书法、篆刻等。他有一个常年展馆，其中有一幅草稿《铁拐李》，他在画上标明每一个细节，腿的部位写上此处应该长一寸，铁拐李的拐应该长一寸。他把自己反复推敲的心路历程都展现出来，怎么构思，怎么提炼，怎么匀称，怎么舒服，等等。他特别严谨地对待艺术。

他是一个手艺人，以画养家，有一个严格的价目表。曾经有一个人跟老爷子求画，不停地讲价钱，要打对折。老爷子实在不好意思把人家轰出去，就在纸的边上画了虾的前半部，剩下的后半部没了。那人说："老爷子画得挺好，可这虾怎么就半截呀？"老爷子说："你给的就是半截的钱啊。"这也是爷爷生活中的童趣和机智吧。他把生活中很多事情变成乐趣。这幅画其实有无限的意境，一半在里面，一半在外面，意境非常好。不过，他当时只是表达情绪。

"可以吃了"

我人生第一件快乐的事发生在我三岁时。20 世纪 70 年代，物质还不像今天这样丰富。一次，爸爸单位门口的一棵树倒了，下雨之后长出了小白蘑菇。我爸爸这个资深吃货看见了，就把小白蘑菇采了回来。为了"伺候"蘑菇，爸爸还特意花肉票买了二两肉，做了一盘蘑菇炒肉。虽然蘑菇是雪白的，但是爸爸是一个特别严谨的人，他心里拿不准到底有没有毒，他怕我中毒，于是要亲身试验一下。他拿了一个小闹表，对我说："闺女，这个针从这儿走到这儿是五分钟，爸爸先吃，如果爸爸倒下了，你赶紧叫街坊牛大妈去。"那时候肉不是很富余，蘑菇本身又香，那五分钟的煎熬，让我回味至今。五分钟一到，爸爸没倒下，说："可以吃了。"现在回头想，这只是很小的一件事，但是给了我莫大的快乐，心里甜丝丝、美滋滋的感觉我至今记忆犹新。

我觉得，我在吃上面比较像爸爸，在画画上还是比较追求爷爷的境界。我每天都要画画，因为画画是我的主业，但是我的生活很现代，我会尽量让自己的生活快乐，有意义。这要感谢我父亲，他让我知道，人生点点滴滴都是快乐，要把人生所有小事情都变成快乐。我健身，锻炼完了觉得饿，我就倒一小杯红酒，就着一点点奶酪，或者一小块巧克力，一点一点地吃，让嘴里的融化变成无上的快乐。生活是最好的艺术创作来源，我们应该好好地生活，快乐地生活。

我要感谢爷爷：没有爷爷齐白石就没有慧娟。虽然我从没见过爷爷，但是我知道您一直陪着我。我的身体里流着您的血，您在我的生命里。

另外我要感谢爸爸：没有爸爸就没有快乐的慧娟。爸爸，是您在物质匮乏的日子里，没有让生活变得苍白。我的童年变得这样快乐，是得益于您。我现在这样热爱生活，更是得益于您。未来，不管是十年、二十年还是三十年后，我希望我还这么热爱生活，爱吃，会吃，健健康康，快快乐乐。像爸爸一样，像爷爷一样，把自己从平凡生活中发现的每个点点滴滴的小快乐，通过我的画笔分享给所有人，永远继续下去。

我最后想对自己说：希望未来能够在艺术上有所成就，能够跳出齐白石孙女这个光环，成为一个完整的自我。可能这是一个比较难的事情，因为爷爷是一位非常伟大的艺术家，超越他不敢想，但是我希望通过穷尽一生的努力，在艺术上成为一个独立的我。

谢谢了，我的家！

　　齐慧娟从小生活在幸福和谐的家庭氛围里。她是近现代著名的绘画大师齐白石最小的孙女，从三岁起就跟有"小齐白石"之称的父亲学习齐派绘画。父亲因材施教，用绘画来磨女儿的性子，用心调教她在生活中捕捉艺术细节，把生活过成艺术，同时在艺术中找到自己的生活。

　　爷爷齐白石说，"学我者生，似我者亡"。父亲教导说，"不要局限在齐派，要超越"。这些不仅是艺术的经验之谈，也是齐家的家风传承。齐慧娟深得前辈教导精髓，在传承中创新，在创新中传承，既继承了齐派艺术精髓，又保留了自己的灵性和才气。她以自己的方式，完美体现了艺术传承人对前人的尊重和对自己的尊重。

孟子说:"天下之本在国,国之本在家,家之本在身。"可见,两千多年前,中国古人已经明确意识到身、家、国、天下的四位一体关系。由此可见,家风、民风、国风亦相辅相成。

家规、家训和家书都是家风的重要物质载体。周文王在病重时训话太子,留下《保训》,这是迄今发现的最早的成文家训。而其中"昔前人传宝"一句表明,在

佐丹力健康产业集团董事长 韩丹

周文王之前已经有了总结宝训、传承家风的文化现象。此后数千年间,一份份家训,一封封家书,在中华传统文化的大花园里竞相绽放。从《菜根谭》到《弟子规》,从《颜氏家训》到《袁氏世范》,从琅琊王氏家训到曾国藩的家书……

细读其中一条一款,我发现,中国优秀传统家风有三大特点。

一是中国古人在树立家风时各有侧重。孟子说"养心莫善于寡欲",刘备说"勿以恶小而为之,勿以善小而不为",苏洵说"入则孝顺父母,出则和睦乡邻",于谦说"清风两袖朝天去",张英说"让他三尺又何妨"……可见,每个家庭从自身具体情况出发,从多个维度、多个层面提醒家人应该注意什么、避免什么,如百花齐放,

千姿百态。

　　二是中国人在树立家风时互相借鉴。在重视家庭教育、重视社会风化的文化氛围中，一家一户的家规、家训，走出一墙一院，跨过一山一水。千家理，万家话，交流融汇，取长补短。在优秀家风面前，中国人素来没有门户之见，始终采取兼容并蓄的开放心态，毕竟所有的家规家训都秉持一个宗旨——向善向好，力求完美。所谓殊途同归、大道至简。有了海纳百川的胸怀，中国的家风文化才气象万千，才厚重持久。

　　三是中国人的家风与时俱进。不言而喻，作为中华优秀传统文化的一部分，家风穿越了千秋万代，裹挟着滚滚红尘，铭刻下时代烙印。中国人的家庭教育宗旨没有变化，但是具体内容在变化。一方面，以扬弃的态度对待传统文化，取精华，弃糟粕。另一方面，根据社会的发展为传统文化灌输新鲜血液。近代以来的《钱氏家训》《傅雷家书》等，都是佐证。所以，中国人的家风历久弥新，老而弥坚，德合无疆，世代相传。

　　习近平总书记说，"家庭是社会的基本细胞，是人生的第一所学校。不论时代发生多大变化，不论生活格局发生多大变化，我们都要重视家庭建设，注重家庭、注重家教、注重家风"。对于普通家庭来说，"不以规矩，不能成方员"。而对于干部家庭而言，"一心可以丧邦，一心可以兴邦，只在公私之间尔"。好家风，是中国传统的现代传承，是中国人的精气神。

我本人出身寒门，因家庭贫困高中辍学，但我始终记得小时候奶奶对待上门乞讨者宅心仁厚，始终没有忘记自己的理想追求。几年后，我通过自学考试进入大学，开始接触生命科学。2001 年毕业后，我拿着三百元的月工资，一头扎进了药行，从药房到化验到生产再到新药研发。虽然生活条件依然艰苦，我从不忘记医者初心。但求天下无疾苦，这是我的使命，也是我前进的动力。在人们日益重视生活质量的现代社会，我要为人类健康做贡献。为了获得新知识，我卖了手机换回一张去求学的火车票。为了凑齐创业资金，我抵押了自己唯一的房子。经过多年研究，我发现了素食的诸多益处，于是制定了"吃素点亮地球"的创业宗旨。如今，我研发的"159素食全餐"一次又一次获奖，我的品牌越来越有知名度。回想当日，心中有苦也有甜。在创业过程中，我既感受到家庭的巨大支持，也深切体会到中华优秀传统文化的魅力。家和万事兴。国富最终体现为民强，中国崛起体现为千万个中国家庭的幸福生活。所以，我非常愿意与全球华人家庭文化传承节目《谢谢了，我的家》合作，诉说千年小家故事，寻根百世家国情怀。我看到，"家"是父亲的臂膀，"家"是母亲的针线，"家"是游子的行囊。在父母子女四目相对之时、欢声笑语之间，千年的中国家风在荡漾，精髓的中国文化在发酵。

朋友们，让我们共同分享家的故事，品味家的味道。

佐丹力健康产业集团董事长　　韩丹

总策划：魏地春　肖丽媛
总统筹：李欣雁
策　划：吴晟炜　杨奉涛
主　编：宾　芳　王　屾
顾　问：王大千

扫描
"人文 AR"二维码

下载
"人文 AR"客户端

打开客户端
扫描书中任意照片
节目视频即刻播放，
点击屏幕可全屏观看

人 文 A R　　人民文学出版社
官方微信

博云视觉
BOYUNVISION.COM
AR 技术支持